航天科工出版基金资助出版

创新创业与3M公司

王庆国　东　玲　谭立忠　主编

中国宇航出版社
·北 京·

图书在版编目（CIP）数据

创新创业与3M公司 / 王庆国，东玲，谭立忠主编. -- 北京：中国宇航出版社，2020.6

ISBN 978-7-5159-1801-3

Ⅰ.①创… Ⅱ.①王… ②东… ③谭… Ⅲ.①企业管理 Ⅳ.①F272

中国版本图书馆CIP数据核字(2020)第102607号

责任编辑 张丹丹　　**封面设计** 宇星文化

出　版
发　行 中国宇航出版社

社　址 北京市阜成路8号　　**邮　编** 100830

(010)60286808　　(010)68768548

网　址 www.caphbook.com

经　销 新华书店

发行部 (010)60286888　　(010)68371900

(010)60286887　　(010)60286804(传真)

零售店 读者服务部

(010)68371105

承　印 天津画中画印刷有限公司

版　次 2020年6月第1版　　2020年6月第1次印刷

规　格 880×1230　　**开　本** 1/32

印　张 5.375　　**字　数** 155千字

书　号 ISBN 978-7-5159-1801-3

定　价 68.00元

前言

当前，新技术、新产业已成为世界各国激烈竞争的制高点，其实质是国家之间科技实力和创新能力的竞争。为在国际竞争中抢占先机、赢得主动，我国正加快建设成为创新型国家，着力改变传统的高投入、高消耗、粗放式发展方式，尽快从要素驱动、投资驱动向创新驱动转型。“双创”是推进建设创新型国家的重要支撑，是培育产业发展新动力的重要途径，是深化改革创新的重要抓手。自2014年李克强总理首提“双创”以来，“双创”成为打造中国经济的新引擎。李克强总理明确要求中央企业要把深化国有企业改革与开展“双创”工作紧密结合，与贯彻落实“中国制造2025”“互联网+”行动计划等国家创新部署紧密结合。国务院出台了《关于大力推进大众创业万众创新若干政策措施的意见》《关于发展众创空间推进大众创新创业的指导意见》等一系列推动大众创业万众创新的政策文件，在全国范围内大力推动创新创业。随后在2018年《政府工作报告》中首次出现“双创”升级版，使创新创业在更大范围、更高层次和更深程度蔚然成风。2019年《政府工作报告》鼓励更多社会主体创新创业，拓展经济社会发展空间，加强全方位服务，发挥“双创”示范基地带动作用，进一步将“双创”引向深入。

国务院国有资产监督管理委员会（以下简称国资委）号召中央企业切实担负起提高自主创新能力、建设创新型国家的重大历史使命，结合“双创”进一步深化改革，激发创新动力活力，大力推动协同创新、自主创新和人才机制创新三个方面的创新。2020年国家发展和改革委员会（以下简称发改委）印发《关于开展社会服务领域双创带动就业示范工作的通知》，聚焦“互联网平台+创业单元”等新模式，围绕家政服务、养老托育、乡村旅游、家电回收等就业潜力大、社会亟需的服务领域，启动社会服务领域“双创”带动就业示范工作。

国家出台一系列配套支持政策，旨在通过结构性改革、体制机制创新，消除不利于创业创新发展的各种制度束缚和桎梏，支持各类市场主体不断开办新企业、开发新产品、开拓新市场，培育新兴产业，实现创新驱动发展。为在更大范围、更高层次、更深程度上推进大众创业万众创新，国务院分别于2016年和2018年发布首批“双创”示范基地（28个）和第二批“双创”示范基地（92个）。通过在全国范围内建设双创示范基地，形成可复制、可推广的双创模式和典型经验，培育发展新动能，打造发展新引擎。

“双创”打开了广阔的就业空间，各类市场主体的成长、创投资本的涌入、示范基地的建设、支撑平台体系的完善，为扩大就业提供了丰富的可能。从2014年至2019年年底，全国大众创业万众创新蓬勃发展，日均新成立企业由5 000多户增加到2万多户，建成全国“双创”示范基地120个，新设14个国家自主创新示范区，带动形成一批区域创新高地。

2020年年初，全球爆发新型冠状病毒疫情，作为全球著名的口罩生产厂家，3M公司再次受到世界各国的关注。3M公司是全球著名的产品多元化跨国企业，素以勇于创新、产品繁多著称于世，在其一百多年历史中开发了上万种高品质产品。百年来，3M的产品已深入人们的生活，涉及化工、电子、电气、通信、运输、汽车、航空、医疗、安全、建筑、文教办公、消费品等领域，极大地改变了人们的生活和工作方式。

有“创新之王”美誉的3M公司从成立那天起就开展“双创”。3M公司特别注重“人人创新”，支持、鼓励所有员工、管理层进行产品、技术、组织、工艺、流程等方面的创新，力求做到人人创新、时时创新、处处创新。为了鼓励、支持创新，公司推出了著名的“15%规则”，即允许每个技术人员甚至普通员工最多可用15%的工作时间去“干私活”，搞个人感兴趣的创意。“15%规则”使员工有权利将自己的一部分时间不是用于公司布置的任务，而是积极主动地去做自己喜欢的事，去构思、改进；制度上的保证很大程度上激发了每个员工的创造力，在组织内部形成“人人创新”的环境与氛围。正是得益于这种良好的管理理念与做法，3M公司的即时贴、隔离胶带等著名产品以及无纺布等技术被源源不断地被开发出来，既使员工获得创新的乐趣与奖励，也为公司带来丰厚的利润。

大量政策的出台、3M公司的创新创业经验以及我国广大企业的创新实践，为理论的提炼和实践总结提供了丰富素材，为开展研究奠定了基础。本书分为3篇（共11章），对全球创新创业实践进行研究，力图明晰创新创业的概念内涵，总结创新创业的经验，为管理部门决策、广大企业创新创业实践以及科研院所的研究工作提供参考，为军工行业乃至中央企业各级领导干部、科技管理人员、一线技术人员在实际工作中提供借鉴与参考，有力支撑“双创”业务的开展与实践的探索。

本书由北京航天情报与信息研究所组织编写，是集体劳动的结晶。王庆国承担了本书的组织、第8～10章的编写以及全书的统稿工作；东玲负责编写第1章、第2章；丁洁负责编写第3章；谭立忠、赵天负责编写第4～7章；臧雪静负责编写第11章。在本书编写过程中，得到了中国航天科工集团有限公司赵军、常贺、韩靖等领导的指导，相关研究得到了航天科工软科学研究计划的支持。北京航天情报与信息研究所相关领导与专家为本书编写提供了充分的支持和帮助，航天科工出版基金为本书出版提供了资助，中国宇航出版社为本书的出版提供了大力支持，在此一并表示感谢。此外，本书参考和引用的相关论文、论著等，均列于最后的参考文献中，但并未在文中一一标注，在此谨向相关作者表示衷心的感谢。

尽管在本书编写过程中，编写人员查阅了大量的文献资料，并进行了认真整理、分析和研究，但由于时间与能力限制，难免存在疏漏之处，敬请广大读者批评指正。

作　者

2020年6月

目 录

第1篇 创新创业研究篇

第 1 篇　创新创业研究篇

第 1 章　基本概念与内涵

1.1　何为“创新”

汉语中的“创新”是个外来词语，起源于拉丁语，是 20 世纪七八十年代由英语单词 Innovation 翻译过来的。当下，创新在我国使用频率极高，含义极广，广泛应用于经济、社会、文化、外交、军事等各个领域。人们往往把凡是新的而且属于正面的事物或者现象，以及达到这种现象的过程都称为“创新”，“创新”已成为发明、创作、灵感、智慧、改革、发展、变化、新颖的综合体和代名词。

1.1.1　创新的基本概念

《辞海》对“创新”的解释是：抛开旧的，创造新的。从这一层面去理解，“创新”是一个十分宽泛的概念。广义上，凡是非重复性的思考、行动及其成果，均可以称之为“创新”。狭义上，“创新”是首创前所未有的事物，要求做到思人之所未思、行人之所未行，以获得全新的概念、理论、方法、发明或发现，如科学发现和技术发明。

“创新”作为严格的经济学概念，特指企业以新产品、新服务、新市场、新的管理和商业模式获取利润的行为。从经济学的角度，“创新”是应用创意创造商业价值和社会价值的过程，创意是创造力的表达和创新的基础，“创新”是创意的结果和竞争的基础。

最早把“创新”概念引入学术领域的是美籍奥地利经济学家熊彼特。1912 年，他在《经济发展理论》一书中首次把“创新”概念引入经济学领域。他提出，“创新”就是把生产要素和生产条件的新组合引入生产体系，即“建立一种新的生产函数”，并把“创新”概括为五种情况：

1）采用一种新的产品或一种产品的新的特性；

2）采用一种新的生产方法或商业上处理一种产品的新方式；

3）开辟一个新的市场；

4）掠取或控制原材料或半制成品的一种新的供应来源；

5）实行一种新的企业组织的形式。

由此可见，“创新”是一个由技术知识产生、发展到不断转移进化，最终借助不同生产要素组合形成产品或服务并实现商业价值的复杂过程，是技术行为与经济行为的有效结合。

从哲学角度，“创新”是人的实践行为，是人类对于发现的再创造，是对于矛盾的利用再创造。人类通过对物质世界的再创造，制造新的矛盾关系，形成新的物质形态。《哲学大辞典》中对“创新”的解释是“人类的创造性活动”“人类自觉能动性的集中体现”及“人类固有的本性”。因此，创新是人类有别于动物的本质特征，是人类社会实践活动的根本属性。

从社会学角度，“创新”是指人们为了发展需要，运用已知的信息和条件，突破常规，发现或产生某种新颖、独特的有价值的新事物、新思想的活动。“创新”的本质是突破，即突破旧的思维定势、旧的常规戒律。“创新”活动的核心是“新”，它或者是产品的结构、性能和外部特征的变革，或者是设计的表现形式和手段的创造，或者是内容的丰富和完善。

综上所述，“创新”是指以现有的思维模式提出的有别于常规或常人思路的见解为导向，利用现有的知识和物质，在特定的环境中，本着理想化需要或为满足社会需求，而改进或创造新的事物、方法、元素、路径、环境，并能获得一定有益效果的行为。

1.1.2 创新的类型

创新涵盖众多领域，包括政治、军事、经济、社会、文化、科技等，因此，创新分类的参考指标有很多。

1）从企业角度划分，创新可分为理念创新、思维模式创新、战略创新、组织创新、技术创新、管理创新、制度创新、文化创新等。

2）从商业模式角度划分，创新可分为开拓式创新、升级式创新、差异化创新、组合式创新、移植式创新、精神式创新、破坏式创新、颠覆式创新。

3）从对象角度划分，创新可分为知识创新、技术创新、服务创新、制度创新、组织创新、管理创新等。

4）从层次角度划分，创新可分为首创型创新、改进型创新、应用型创新。

5）从企业业务模式角度划分，创新可分为：企业模式创新，通过专业化分工和价值链协作重新定义企业在价值链中的角色和组织的边界范围，如企业整合、建立外部协作网络；收入模式创新，通过改变价值主张、重新配置产品（产品/服务/价值组合）和/或通过推出新的定价模式而创造收益，如绑定产品与服务、建立创新的定价模型；行业模式创新，重塑现有行业格局，通过向新行业转移、重新定义现有行业价值链或创建全新的价值链，实现“行业价值链创新”，如资产转移、直面客户。

常见的创新形式主要有渐进式创新（维持市场地位、获得市场份额）、突破式创新（变革市场结构）。渐进式创新是通过不断的、渐进的、连续的小创新，最后实现管理创新的目的。如针对现有产品的元件做细微的改变，强化并补充现有产品设计的功能，至于产品架构及元件的连接则不做改变。突破式创新是一种快速的、急风暴雨式的创新，其特点是对现有系统进行力度较大的冲击，创新程度很大，但过程不是很长，一般都是在一个较短的时间内完成。

1.2　何为“创业”

传统意义上的“创业”就是创建企业。当代对“创业”的定义是:“创业是指一种更广泛、更全面的思考、推理和行动的方法,要执着于商机,还要有高度平衡的领导艺术。”宏观而言,“创业”是“结构变革和就业创造的驱动力”;微观而言,创业是新企业创立及随后成长的“引擎”。

创业活动除了具有显著的创新性外,还具有区域性、新企业的创立和变化性三个特征。

(1)区域性

创业活动是一种区域性的活动。创业企业或多或少都会带有其所处区域的印迹,所以对创业企业所处区域环境的研究对于创业的研究来说是必不可少的。创业活动的“社会嵌入式”特点也说明了其区域性的特征。创业企业的创业活动如同其他企业开展活动一样,也是在一定的社会背景(环境)中开展并受到社会环境影响的。

(2)新企业的创立

新企业的创立是创业的一个显著标志。这意味着创业企业通常情况下会表现为新企业的创立。换言之,新企业的创立是创业的常见形式,但新企业的创立并不是创业的本质性标志。

(3)变化性

经济合作与发展组织(OECD)1998年对创业及创业者的定义是:“创业者是市场变化与经济增长的动因,同时创业者能够加速更新换代,实现创新思想的应用及普及。创业者不仅能够寻求与识别有潜在经济价值的机会,而且还愿意冒险尝试利用这些机会开展创业活动,来检验他们当初的直觉是否正确。”可见,创业本身就是这样一种变化过程。

1.2.1 “双创”的理论基础

“双创”战略,一方面强调大众参与是增加和扩大就业、促进社会纵向流动和公平正义的重要手段;另一方面强调创新是实现经济发展方式转型和产业结构升级的重要途径,是我国积极适应经济新常态的主动战略选择，在培育和催生经济发展新动力的同时，也将全民推向“第四次创业”浪潮的高峰。“双创”战略源于现代演化经济学与创新管理学理论，其经济基础也主要来自于经济理论及管理理论两个方面。

1.2.1.1　“双创”的经济理论基础

“双创”的经济理论源于熊彼特的创新理论。马克思主义政治经济学与西方新古典经济学都将经济长期增长的源泉描述归结为技术创新，即技术创新才是经济可持续发展的终极动力。正式立足技术创新的微观复杂性，对创新与经济发展关系进行切合实际的理论探讨的，是以熊彼特为主要代表的演化经济学者。创业者们不断结合社会科技水平和市场需求进行的创新试错可以克服技术创新过程固有的不确定性，由此将会带来经济的持续增长和产业结构的不断升级。因此激活大众的创业和创新基因，对于最优创新路径的选择和经济转型发展具有重要意义。

1.2.1.2　“双创”的管理理论基础

“双创”的管理理论基础主要来源包括创新模式变迁理论、国家创新系统理论以及产业创新理论。

(1) 创新模式变迁理论

随着企业组织的重构，以及信息通信技术的扩散，主流创新模式从封闭式创新转变为开放式创新。在互联网时代，企业更多地从外部获得创新信息，与外部伙伴进行协作创新，因此企业的顾客、供应商都成为企业创新的合作者，这种联系紧密的社会创新网络结构为创业者提供了丰富的创业空间和机会。

(2) 国家创新系统理论

“双创”与国家创新系统理论连接最为紧密的部分来自于对中小企业（Small and Medium Enterprise，SME）在创新来源方面的描述，国内外众多学者都对中小企业在创新、管理、经济发展等许多方面展开了广泛而深入的研究。在国家创新系统中，中小企业是一个重要的创新来源。学术界普遍相信，中小企业具有针对技术变化的快速反应优势，在将新技术带入市场的过程中较之大型企业更具灵活性与创新性。

（3）产业创新理论

高技术产业发展迅速的特点使其成为技术创新的热门领域，但在高技术领域进行创新一般要求创业者具备较新的知识结构以及较雄厚的人力资本，因而高技术领域创新并不适合成为一般大众的创业目标。有研究表明，在中低技术产业中同样存在着普遍的创新。中低技术产业的创新驱动力主要来自市场需求变化和新利基市场的定位发掘，更依赖于流程创新降低成本。因此，在中低技术产业熟悉流程技术的一线工人群体中，在产品和服务市场的大众用户群体里，都蕴含着开展相关创业创新活动的巨大潜能。

1.2.2 创新理论的变迁

对创新的研究，经历了熊彼特基于“企业家精神”的创新理论、线性创新模型、创新系统和创新网络三个主要阶段。创新的系统管理理论产生的标志是20世纪80年代末90年代初的国家创新系统理论的出现。之后又陆续发展出了区域创新系统、技术创新系统、产业创新系统、集群创新系统等不同视角的创新系统理论，这些不同的理论视角对创新系统的边界有不同的看法，分析的侧重点也有所不同，但大体可以划分为两个视角：其一，从地理的角度出发，将关注的焦点落在国家创新系统和区域创新系统；其二，从技术或产业的角度出发，更关注产业创新系统。这两个角度之间并不矛盾，而是相互交叉、相互补充。

1.2.2.1 国家创新系统和区域创新系统

国家创新系统是一个非常复杂的体系，包含大量的成员和子系统，这些子系统可以从区域和产业两个维度来划分，国家创新系统可以被描述为由区域创新系统和产业创新系统构成的二维矩阵。图1-1所示为多层次创新系统架构示意图。整个矩形代表国家创新系统，横线代表地理边界，竖线代表产业或技术边界。整个国家创新系统由多个区域创新系统或多个产业创新系统组成。

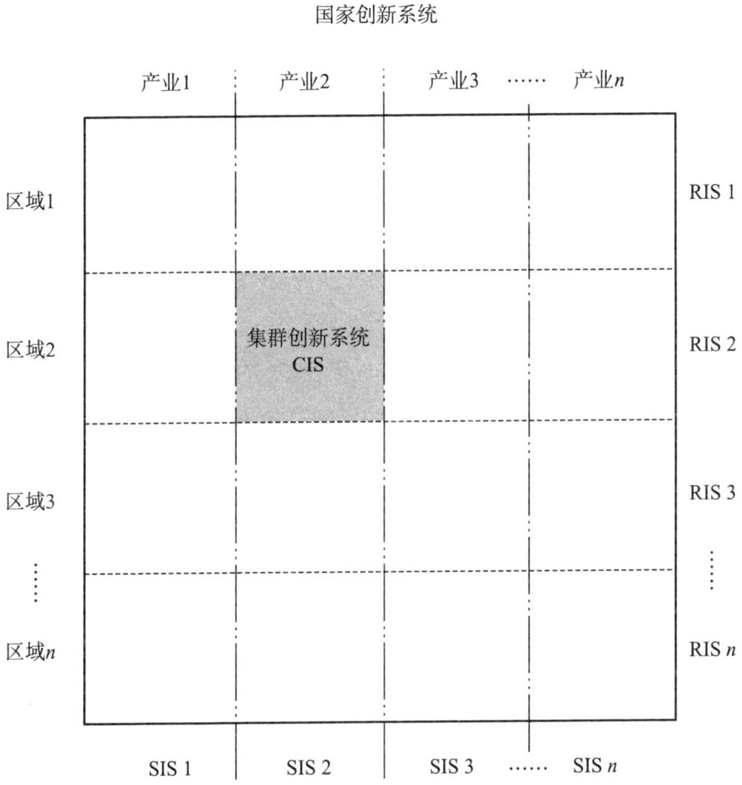

图 1-1　多层次创新系统架构示意图

一个国家创新系统包含多个区域创新系统和产业创新系统，国家创新系统可以看作由区域创新系统和产业创新系统纵横交错组成的矩阵，而区域创新系统和国家内的产业创新系统是国家创新系统的子系统。从理论发展来看，区域创新系统建立在国家创新系统基础之上，是对国家创新系统的发展，而产业创新系统从另一个角度研究了创新过程中的知识体系，是对国家和区域创新系统的重要补充。区域创新系统作为国家创新系统的子系统，并不是一个独立的个体和封闭的系统，而是与更高空间层次系统有着千丝万缕的联系。

1.2.2.2 企业创新系统

（1）企业创新系统的产生

尽管企业创新系统在概念上尚未成型，但已有学者提出企业创新系统是其他创新系统的微观基础，其他创新系统为企业创新系统构筑与运行提供环境支撑。第一，企业创新系统是国家、区域和集群创新系统的基础构成单元。从创新活动考察，企业层面的创新活动是国家、区域创新系统的根本动力，企业间的水平、垂直联系和知识流动是构成创新网络的基本要素。无论对于国家创新系统、区域创新系统还是集群创新系统，企业都是技术创新最重要的主体，国家、区域和集群的创新能力强弱最终通过企业个体的创新行为反映出来。只有企业创新系统得到了建立和完善，才能更好地建设起富于创新的国家、区域、产业和集群。所以，不管何种层面的创新系统，都必须建立在该系统内部企业的创新系统基础之上。第二，国家、区域和集群创新系统为企业创新系统发展提供支撑。首先，企业要进行有效的创新，一方面需要有研究、试验、发展的合理布局和资源投入，另一方面需要企业内外部研发力量的协同，这些投入和协同，可以从更高层次的创新系统中寻求支持。其次，作为国家创新和区域创新的具体行动者，企业的创新精神和创新文化受到所在国家和区域文化的影响，区域和产业集群内的竞争合作氛围和区域根植性文化将显著影响企业间创新协同的可能和绩效。

（2）企业创新系统的内涵

企业创新系统（Enterprise Innovation System，EIS）是企业的创新者借助于技术发明、管理上的发现、制度上的变迁、市场中的机遇等，通过对生产要素和生产条件以及有关的资源配置方式进行新的变革，并使变革成果取得商业上的成功的一切活动所附带的条件、规则、结构、过程、方法等的总和。随着知识经济时代的到来，以创新谋求发展已成为当今企业发展的必由之路。企业创新系统的构建是现代企业发展的首选战略，而企业创新活动是在一定的环境和条件下进行的，创新过程受到各种因素和各方关系的激励和约束。这些环境、条件、激励和约束是在一定的系统内形成的。

（3）企业创新系统的特征

①整体性特征

企业创新系统的创新和发展过程，是整体系统作用的结果。系统性强的创新系统自我调节和完善功能也较强。即使由于外部不确定性和创新复杂性，导致系统中的单个创新元素失败，也不会影响到整体系统的发展与创新。反之，企业创新系统在发展过程中，如不重视系统性并有效地整合内部资源，就难以保持企业的创新性与竞争优势。另外，企业创新系统是否具有持续创新的可能性，不在于系统中各个行为主体同比例的发展情况，也不在于系统中关系的大小，而在于合作的主体之间能否维持长久的关系，保持动态发展中的平衡性。所以，企业创新系统应具有一个相对稳定的系统。

②开放性特征

企业创新系统由企业内或企业间各个行为主体的相互作用而连接，由相互协作而构建，但各个行为主体之间的连接不仅仅局限于本企业内，特别是外向型企业不会满足本企业内或区域内的网络，而是在企业外寻找更多的合作伙伴，不断扩大外部的创新网络，如战略制定、研发合作、生产许可证或分包等，通过企业间和企业内劳动力、技术和资金等生产要素的流动和交换，从而获得远距离的知识和互补性的资源、资产，并不断向外部开辟新的市场。所以，企业创新系统在与外部的连接过程中，呈现出开放性的特点。

③层次性特征

层次性是企业创新系统的一大重要特征。所谓层次性，是指由企业创新个体经相干性关系构成的子群，再通过相干性而构成新子群的逐级构成的结构关系。企业创新系统层次性特征的重要性表现在以下三个方面：第一，有利于对企业创新系统进行横向比较。在进行企业创新系统的横向比较时，不能停留在这个系统的表层上，即仅仅比较一个企业、科研机构、研究与试验发展（R&D）投入的来源和使用以及企业科研机构、企业家等组织之间的知识流动等情况。只有对这个系统的内核——即技术创新与制度创新的关系——进行深入的比较和分析，才能对各个企业创新系统的特点、不同企业创新系统之间的相似与不同之处有更深的了解，才能对不同企业创新系统具有不同的创新活力与绩效的原因有更清晰的认识。第二，有利于对企业创新系统结构进行效率分析。通过对企业创新系统层次性的研究，能够找到影响企业创新的关键点，从而找到企业创新能力增强的捷径，更有效地为企业创新做出具有实际意义的决策。第三，有利于对企业创新系统进行动态考察。只有对企业创新系统的内部结构和不同层次有一个比较清楚和深入的认识，才能对企业创新系统的演进过程、演进原因、演进路径及其影响等问题进行深入的分析和考察。

④动态性特征

由于系统中的各个行为主体及其相互之间的网络联系随时都在发展变化，系统中流动的生产要素以及知识、信息等不断更新，可以说企业创新系统的培育与形成，本质上是一个发展变化的过程，因而呈现出动态性的特征。为增强企业与外部的适应性，相互依赖的网络各行为主体在传播与吸纳知识技术的过程中，必须适时变化，不断地维护和更新系统的连接，保持自身的动态发展和创新，共同增强整体系统的创新功能，从而可以不断保持系统的活力及其外部适应能力，持续地提高企业总体经济效益，提升企业竞争力。

（4）企业创新系统的结构

①企业创新系统的层次构成

企业创新系统中的构成元素及相互关系称为企业创新系统的结构，它是企业创新系统保持整体性以及具有特定功能的内在根据。

图 1－2 从两个角度的不同侧面诠释了企业创新系统的结构。

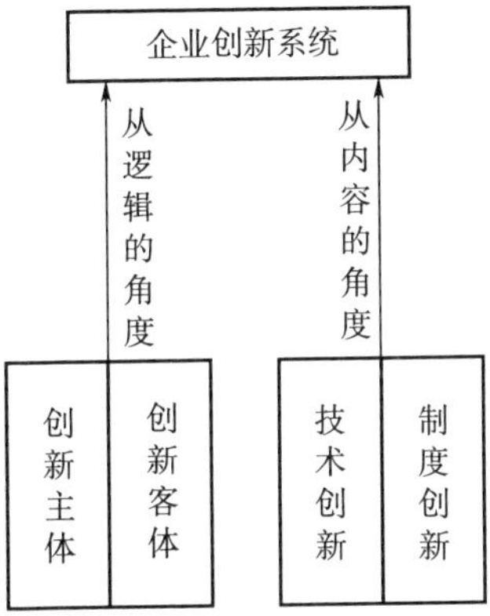

图 1－2　企业创新系统的结构

企业创新系统从逻辑的角度分为创新主体和创新客体两大子系统，并通过两大子系统的互动构成企业创新系统。从内容的角度，又将企业创新系统分为企业技术创新和企业制度创新两大子系统，并通过两大子系统的互动构成企业创新系统。这是以层次性的分析方法来解析企业创新系统的层次性特征，本书仅从逻辑的角度来分析企业创新系统。

②企业创新系统的主体和客体（图 1－3）

企业是创新的第一主体；企业家通常是指企业领导人，他们也是企业创新的灵魂、推动者、组织者和培育者；内企业家通常是指由一个人或少数几个人组成的、离开本岗位从事自己感兴趣的创新活动的一部分人。产品创新是指贯穿产品构思、设计、试制、营销全过程的功能创新、形式创新、服务创新多维交织的组合创新。过程创新包括三个阶段：第一，将能够满足其市场需求可能采用的技术信息进行综合分析而产生的初步构想，经过反复论证所得出的初始实施方案；第二，技术开发，即技术成果物化阶段；第三，经济发展，即技术开发成果的商业价值的实现阶段。

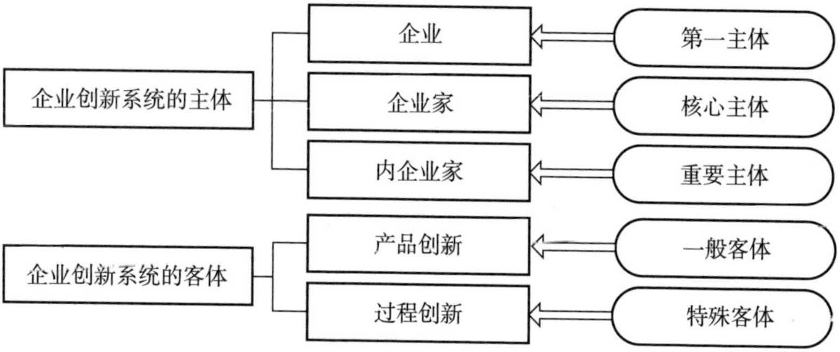

图 1-3　企业创新系统的主体和客体

③企业创新系统的运行子系统

企业创新系统的运行子系统分为内部动力与外部动力两部分，也可以称为内部要素与外部要素，如图 1-4 所示。内部动力中的主观价值判断要素指企业领导人和企业职员对企业创新的追求及创新偏好等；利益导向要素指企业的创新利益形态及分配，创新利益具有诱导和进一步激励企业从事技术创新的双重功能；企业内部环境要素指当产生企业创新结构的协同效果时，创新就具备了良好的内部环境；R&D 能力要素是充分发挥企业所拥有的各种资源的作用而获得的创新收益的实力和可能性。

新需求的产生、旧需求的更替以及需求规模的增加都可以拉动并维持影响企业的创新；技术推动要素主要指新技术的思路诱导以及技术规模的模式化；政府影响要素是指政府根据国家政治目的和经济发展计划的需要，通过组织体系、政策体系、法律体系及行为体系，来影响社会各层次的企业创新；企业创新和企业竞争离不开资源要素，包括科技资源、人才资源、资金、设备、信息和自然资源等，如果企业缺乏必要的资源，或者说企业不能从市场上有效获得这些相关资源，企业创新就不可能实施，企业竞争就会处于劣势。

④企业创新系统的运行环境

企业创新系统的运行环境主要包括软环境和硬环境两种。其

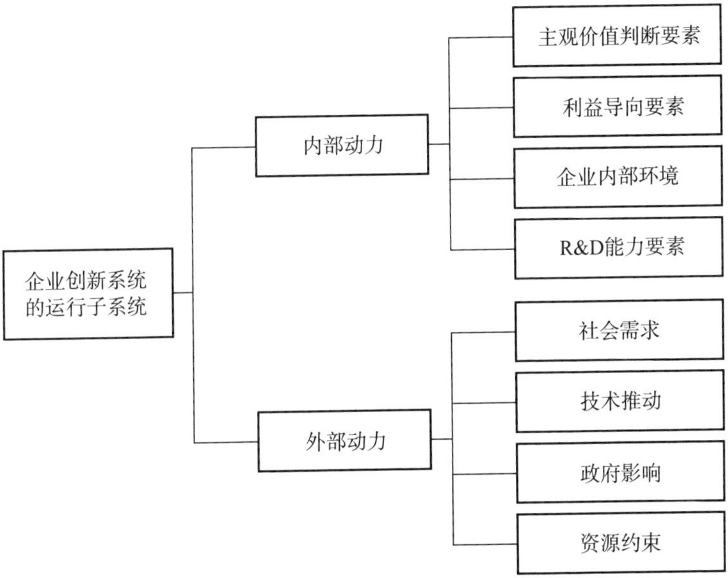

图 1-4　企业创新系统的运行子系统

中，软环境主要包括社会的政治、法律、经济、文化和生活服务等环境；而硬环境主要包括基础设施、自然地理位置等，如图 1-5 所示。

1.2.2.3　国家创新系统与企业创新系统的关系

国家创新系统与企业创新系统都是以系统论、整体论思路为方法，都是把创新系统看作一个相互作用的参与者——企业、科研机构、政府组织——构成的系统，它们相互作用的方式影响着经济的整体绩效，因而两大系统都把各要素之间相互作用和联系的网络关系作为其研究的重点。企业创新系统与国家创新系统的总体目标是一致的。企业创新系统只是国家创新系统的重要“内核”，是国家创新系统的基础和有机组成部分，是国家创新系统的子系统，体现了国家创新系统的层次性特征。

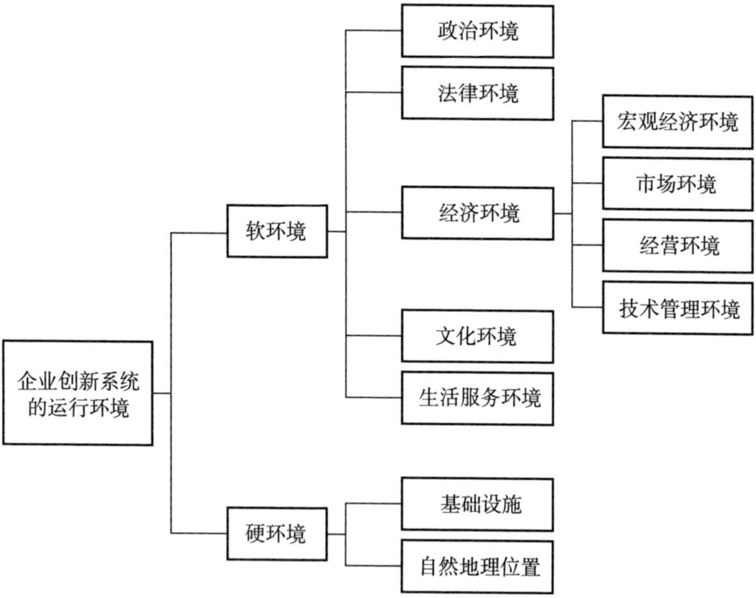

图 1－5 企业创新系统的运行环境

1.2.3 创新与创业的关系

创新性是创业的本质特征。熊彼特认为，创业者在利用创业机会实现其收益的过程中，就是通过给市场引入一种“新组合”或者说是通过创新来实现这一目标的。他还认为，创建一个新企业是这种“新组合”中最典型的一种形式。换言之，他认为创业（狭义的创业）是创新的最典型形式。

创新是创业的一个必要条件。有学者就从研究创业与创新、经济增长之间关系的角度来研究创业活动，并特别强调了创业过程中的创新性。

创业中的创新像“看不见的手”那样，是无意识的结果。创业者在创业过程中，自身并没有意识到自己一定要创新，他们只是想要抓住机会而已。但事实上，他们行为的结果是一定会产生创新的，否则他们创业也是很难成功的。

创业与创新是互补的。因为创新是创业的源泉，创业需要创新帮助才能实现其经济价值。创新存在于创业企业发展的全过程中，而不局限于创业的初期阶段。创业是实现创新的过程，而创新是创业的本质和手段。创新主要来自于知识、创造性和一些新的观点与想法，这些观点和想法通过创业就可能更好地被利用，并最终促进经济的发展、就业的增加。现阶段我国提出，科技创新是提高社会生产力和综合国力的战略支撑，必须摆在国家发展全局的核心位置，强调要坚持走中国特色自主创新道路，实施创新驱动发展战略。这样的环境对创业的发展是极其有利的。

第 2 章　全球创新发展态势

2.1　创新的五个发展趋势

2.1.1　科技全球化发展进程进一步加速

随着经济全球化深入发展，科技全球化作为经济全球化的重要表现形式之一，其发展进度将进一步加快，对社会生产方式和人类生活方式的影响更加深远。这些影响一方面表现为人类对自然界的征服领域，如人类基因组、核聚变、空间站、全球气候变化等国际合作计划的实施和应用；另一方面表现为人类社会自身生产力发展领域，如跨国公司促进了不同领域、不同区域之间科学、技术、文化的交流，加强了全球科技信息的共享力度。

2.1.2　科技与社会、经济、生态一体化发展日趋显著

科技成为社会的重要组成部分，生产“科学化”和社会“科学化”的进程迅速发展。当前，人类面临着温室效应、海平面降低和资源利用等许多综合性问题，既关系到社会、经济、生态等领域，也涉及科技领域。这些问题的解决超出了自然科学技术能力的范围，必须综合运用自然科学、技术方法和社会人文等跨领域手段研究解决。这意味着，社会、经济、生态、科技、文化等已经构成了一个共生的社会生态系统，任何一个环节出现问题或受到某种不确定的因素干扰，都有可能引发重大事件。

2.1.3　科技创新、转化和产业化的速度不断加快

科研成果转化为现实生产力的周期越来越短，技术更新速度也

日益加快。在 19 世纪，电从发明到应用时隔近 300 年，电磁波通信时隔近 30 年。到了 20 世纪，集成电路仅仅用了 7 年的时间就得到应用，而激光器仅仅用了 1 年。进入 21 世纪，人类基因组、超导、纳米材料等本属于基础研究的成果，在中间成果阶段就申请了专利，有些甚至迅速转化为产品走进生活；在计算机技术方面，每 5～7 年运算速度就提升 10 倍，体积、价格降为原来的 1/10。这充分说明，当前科学与技术的界限日益模糊，科研到生产的周期显著缩短，技术和产品更新换代速度不断加快，经济竞争已前移到原始创新阶段。

2.1.4　科技交叉融合发展孕育新的产业革命

当代新科技革命不只是表现为单一技术、单一产业的发展，而是科学与科学、科学与技术、技术与技术相互促进、交叉融合式发展，将不断推动新一代技术和新兴产业的蓬勃发展。当前，除了信息技术催生了信息经济之外，生物科技、纳米科技、航空航天科技、环保科技正在孕育一系列重大突破，将引发新的产业革命，促进众多新兴领域经济发展壮大。

2.1.5　空天、海洋等未知领域的科技发展将日益深入

空天、海洋是未来人类社会发展新拓展的生存空间和重要资源。空天、海洋科技将成为未来科技发展的重要方向，并将催生太空经济、海洋经济的革命，成为新一轮国际竞争焦点。在空天科技领域，超高分辨能力、超高精度时空基准、临近空间风行、深空超高速与自主航行、空间高速通信、人类空间生存和活动能力等六个重要空天技术，将成为关键技术，掣制领域发展。海洋具有丰富的矿产资源、油气、天然气水合物、生物资源，在海洋科技领域，应围绕海洋资源开发和保障海洋环境安全两大科技领域，加大科技研发投入，突破关键技术，在维护生态的前提下向海洋要资源，为人类社会可持续性发展提供必要的能源资源保障。

2.2 当代五大关键科技对社会发展的影响

2.2.1 无所不在的信息网络技术影响人类社会方方面面

以物联网、云计算、移动互联网为代表的新一代信息网络技术催化信息经济，成为信息经济新的增长点。当下发达国家信息产业产值占国民生产总值的比重已达40%～60%，并且以超出传统产业4～6倍的速度增长，成为国民经济的主导产业。国内超过90%的省份已将物联网作为支柱产业，几乎所有一、二线城市都涉足物联网产业园的规划与发展。

新一代信息网络技术不仅推动社会经济发展，还影响着社会各个领域的发展。物联网技术将极大地缩短人与人、人与物、物与物之间的时空距离，从而改变人的生活方式，令生活更便捷。比如物联网技术可以帮助公交系统构建“智能”公交，提供公交车实时信息；物联网技术可以帮助公租自行车实现异地还车，促进绿色出行。

云计算技术的发展为企业解决了许多IT管理上的问题，减少企业软硬件配置的成本投入。通过租用云服务，企业员工可以通过各种终端接入云服务并直接享用协同办公环境及其他软件；云服务令软件开发商拥有了不需维护的服务器，从而专注于优化各种终端软件的用户体验。

移动互联技术提供了随时随地接入互联网的能力，从而使普通民众享受云计算、物联网、大数据等新兴信息技术所提供的服务。通过智能终端上的各种应用程序，人们可以随时随地上网聊天、刷微博、购物、观看视频、处理工作、办理各种业务、缴纳各种费用、预约服务等。

量子信息技术作为未来信息技术的发展方向，将给人类带来绝对保密的通信网络和具有超强运算能力的计算机。量子信息技术正在引起世界各发达国家的关注，成为这些国家重点发展的战略技术。

2.2.2　跨越式发展的生物技术催化 21 世纪人类生活变革

21 世纪是生物技术时代。生物技术将为人类面临的粮食问题、健康问题、环境问题提供解决之道，将成为 21 世纪科学技术的核心。科学技术部前部长万钢在“2013 国际生物经济”大会开幕式上表示，当前生命科学与生物技术的创新与跨越发展，将对经济社会和人们生活产生巨大的影响。生物技术在农业、医药、能源、环境等领域的应用，对人类生活的变革产生了促进作用。

伴随全球人口不断增长，粮食短缺问题将严重威胁人类生存。利用生物技术改变粮食作物的基因，培育出具有抗旱、高产、抗虫害等能力的优良作物，可为解决人类的粮食缺口问题提供一线希望。美国斯坦福大学曾把仙人掌的基因导入小麦、大豆等粮食作物，育成了抗旱、抗瘠的新品种。我国科研人员通过植物染色体工程技术育成了一批优良小麦新品种。国际农业生物技术应用服务组织（ISAAA）历年发布的转基因作物年度报告显示，进入 21 世纪以来，随着全球人口的不断增长，世界各国逐渐放开了转基因作物的研发和种植，以应对人口不断增长和农作物面积不断减少带来的粮食危机，转基因作物也因此得到了快速发展。到 2018 年，全球转基因作物种植面积已达 1.917 亿公顷。

生物技术用于医药领域，可以实现疾病的精确诊断和治疗。一般的疾病诊断方法主要根据患者的症状和一般的生化检查确定，但这种方法有时会因为不同疾病的相似症状而导致误诊。利用生物技术可以直接从 DNA 层面实现疾病的精确诊断。如应用聚合酶链式反应-等位基因寡核苷酸技术，可以直接判断患者是否是 α -地中海贫血症；利用限制性核酸内切酶识别法可以检测镰刀型细胞贫血症。利用生物技术可以生产具有特定功能的药品，实现对特定疾病的有效治疗。如通过蛋白质工程制造的 β -干扰素和白介素- 2 是治疗癌症的特效药。

环境污染问题成为许多发展中国家面临的一大难题。利用生物技术制造的酶、肽、细菌等产物可以帮助大量污染物实现降解，分解为对环境无害的物质排放到环境中，进而通过其他生物体进行资源再利用。例如在缺氧条件下，利用厌氧微生物将食品厂、屠宰场的废水中的有机物分解为硫化氢、甲烷和氨，实现污水处理和资源回收；利用生物技术将城市生活垃圾无害化处理，并将反应产物用作农业肥料，可变废为宝。

生命科学的重大突破则可能在将来把延长人类寿命的梦想变成现实，而近期认知技术的进展则推动人类社会向智能化时代发展。

2.2.3 新能源技术优化能源结构、控制生态环境污染源

能源是人类赖以生存的重要基础。18世纪以来，伴随着蒸汽机的大量使用，化石能源开始成为人类能源的主力。经过几百年的工业化发展，人类发展不得不面临化石能源日趋枯竭的资源问题，而产生的相应环境问题也成为阻碍人类可持续发展的一大因素。

为了实现人类的可持续发展，世界各国都在积极推动新能源技术的发展，利用新能源技术优化旧有的能源消费结构，弥补能源缺口。以太阳能技术、风力发电技术、水力发电技术、核能技术等为主的新能源技术，既可以直接利用这些能源，如太阳能洗浴、太阳能取暖、地热取暖等，也可以通过技术将其转化为电能再进行利用，如光伏发电、风力发电、水力发电等。

新能源技术的广泛应用，有效缓解了能源短缺问题，优化了能源结构，并且使绿色能源比重得到了系统性的提升，有力地控制了生态环境污染源，为人类社会发展做出重大贡献。未来分布式能源系统这一科学技术的深入发展，将进一步为人类社会发展提供更高效、更可靠和更环保的绿色能源体系。

2.2.4 先进的新材料技术提升生活品质、改善人居环境

根据人类所加工的材料不同，人类历经石器时代、青铜时代和铁器时代。到19世纪中叶，现代平炉和转炉炼钢技术的出现使钢材

性能大幅提升，人类由此进入了钢铁工业时代。20 世纪 50 年代后，物理学、化学不断取得突破，学科交叉不断深入，材料科学迎来了一轮快速发展，诞生了高分子材料。到 20 世纪末，仅 50 年的时间，高分子材料就与金属材料并驾齐驱，成为材料科学领域的重要组成部分。进入 21 世纪后，纳米材料和复合材料技术不断取得突破，开始逐渐渗透到人类社会生产的各个方面。

新材料技术有助于提升人类生活品质。近年来，随着纳米技术的广泛应用，纳米材料和复合材料有力地扩充了人类可利用的材料类型，从而制造了比传统物品性能更好的物品，或以前从未有过的物品。例如用纳米氧化锆材料制作成的纳米陶瓷刀具，不含金属成分，无毒、安全，具有很强的硬度以及高耐磨性，具有防污、抗菌的特性，能始终保持锋利的状态。

新材料技术的发展不仅能提高人类的生活品质，还能够改善人类的居住环境。通过新材料的应用，人们可以生产对环境无害的物品，还可以利用新材料治理环境污染。例如采用溶胶-凝胶技术制备的一种三维纳米多孔材料——二氧化硅气凝胶的阻热性质极好，将其与混凝土混合可以直接制成具有保温、隔热、防火作用的建筑外墙，降低对由聚合物制成的保温材料的需求；纳米二氧化钛能将各种废水中的高氧化态银、铂、汞等贵重金属离子吸附于表面，再将其还原成小颗粒，实现贵重金属回收利用。这种纳米材料既可以实现资源回收与再利用，又可以实现污水处理，可谓一举两得。

英国曼彻斯特大学成功分离石墨烯。石墨烯以其单分子层的厚度和最坚硬的特性引起全世界范围的关注，成为热门研究材料。

2.2.5　高端制造技术提升生产能力、促进产业转型升级

高端制造技术作为支撑传统产业转型升级和战略性新兴产业发展所需的关键要素，其水平反映一个国家的综合国力、人民的生活水平、国防能力和社会的发展程度。大力培育和发展高端制造技术，是提升我国产业核心竞争力的必然要求，是抢占未来经济和科技发

展制高点的战略选择，对于加快转变经济发展方式、实现由制造业大国向强国转变具有重要战略意义。

高端制造技术直接作用于装备生产能力，其每一次突破都对生产力有直接的提升。例如机电一体化就是将机械技术、电工电子技术、微电子技术、信息技术、传感器技术、接口技术、信号变换技术等多种技术进行有机的结合，并应用到实际中的综合技术；虚拟制造技术是一种以计算机建模、仿真技术为基础，对设计、加工制造、装配等全过程进行统一建模，进而有效地、经济地组织生产、经营，以达到产品开发周期和成本最小化、产品设计质量的最优化、生产效率的最高化的新兴制造技术；2012 年 8 月，美国国防部成立了国家增材制造（3D 打印）创新研究所，3D 打印技术将有可能颠覆装备制造业的发展趋势。

高端制造技术不仅提升制造业本身的生产能力，还促进相关产业的转型升级。例如微机电系统（MEMS）具有微型化、功能集成化、智能化等特点，可靠性极高，广泛应用在各种产品中。美国模拟器件公司的 MEMS 速度计，可安装在汽车上测定加速度，向车载 ECU 提供数据，以便在紧急状况时弹出安全气囊。惠普公司是 MEMS 产品的最大用户，借助装配 MEMS 喷头的打印机，惠普占据着打印市场的最大份额。美国得州仪器公司生产的微面镜数字光处理（DLP）器件，已在投影显示市场取得 85％的占有率，广泛应用在家用、商用投影仪和数字电影放映机上。

2.3 未来七大战略性科技将推动社会取得突破性进步

当今世界科技呈现出多点突破、交叉汇聚的新态势，孕育着新一轮科技革命。一些重要科学问题与关键技术发生革命性突破的先兆已经显现，在物质能量的调控与转换、量子信息调控与传输、生命基因的遗传变异进化与人工合成、脑与认知、地球系统的演化等科学领域，在能源、信息、先进材料、现代农业、人口健康等关系人类社会进度的战略领域，在强大需求与知识体系创新的驱动下，3D 打印技术、量子信息技术、太赫兹技术、大数据应用技术、分布式能源、认知科学、空间技术等的科技突破，将可能催生一批新兴产业经济，牵引人类社会取得突破性进步。

2.3.1　3D 打印技术

（1）3D 打印技术是多学科技术交叉融合发展而成的产物

3D 打印技术是数字建模、机电控制、信息技术、材料科学与化学等多个领域前沿技术交叉融合的产物，其基本原理是断层扫描的逆过程，断层扫描是把某个东西“切”成无数叠加的片，3D 打印则是一片一片地打印，然后叠加到一起，成为一个立体物体。3D 打印机的功能与激光成形技术一样，采用分层加工、叠加成形，即通过逐层增加材料来生成 3D 实体，与传统的去除材料加工技术完全不同。之所以称它为“打印机”，是因为分层加工的过程与喷墨打印十分相似。由于 3D 打印技术具有制造精度高、制造周期短、制作成本低、可加工复杂外形等特点，因此，在航空航天、汽车制造、生物医学等领域都具有广阔的应用前景。

（2）3D 打印技术率先得到国外航空航天领域的初步应用

目前，美国波音、洛克希德·马丁等公司，法国 SAFRAN 集团公司、英国罗罗公司、意大利 AVIO 公司等多家世界知名企业，以及多个国家实验室和高校对 3D 打印技术及其在航空航天领域的应用，开展了大量研究工作。美国国家航空航天局（NASA）使用 3D 打印技术制造新一代载重火箭发动机中复杂的金属零部件，在 2013 年采用 3D 打印技术制造的火箭发动机喷射器已参与完成发动机热试车，试验结果表明其与传统工艺制造的发动机并无差异，并且制造周期仅为 3 周，节约成本达 60%。洛克希德·马丁公司在第四代载人飞船猎户座制造项目中成功应用 3D 打印技术，将生产时间节省了一半，成本降低 80%。欧洲宇航防务集团正致力于利用 3D 打印技术打印出飞机的整个机翼，目前已制造出了飞机起落架支架和其他飞机零件。澳大利亚政府2012年宣布支持一项使用3D打印技术制造航空航天微型发动机零部件的新项目。

(3) 3D打印技术将引领制造业变革性发展

自1986年美国开发出第一台商业3D打印机以来，3D打印技术正成为引领制造业变革的新兴技术，对人类社会生活产生重大影响。传统制造业的大批量、规模化发展模式可能要发生变化，满足个性化需求的小规模灵巧型、中规模专业型生产模式将迅速发展；个性化产品的成本也将大大降低；将加速工业化与信息化的融合，推动制造业向数字化制造方向转型升级；制造业对具有一般知识与一般技能的劳动力使用量将大幅度降低，而对高素质的专业人才和复合型人才更加倚重，日本、美国、欧洲等一般劳动力成本高昂的国家和地区二次工业化的战略设想有可能实现。

2.3.2 量子信息技术

(1) 量子信息技术是量子物理与信息科学融合发展的新兴科技

量子信息技术是量子物理与信息科学相融合的新兴科技，它诞生于20世纪80年代，在90年代中期引起国际学术界的巨大兴趣，受到西方各国的高度重视，得到迅速发展，迄今方兴未艾。量子信息技术是以量子力学原理为基础，充分利用量子相干的独特性质，探索以全新方式进行计算、编码和信息传输的可能性，为突破芯片极限提供了新概念、新思路和新途径。从本质上讲，量子信息的关键是直接利用量子相干性的物理观念以及由此引起的量子效应，而不只是利用量子力学的物化产品（如传统半导体器件）。量子计算的优势源于量子相干性导致的量子并行，量子通信则依赖于以多粒子相干叠加为代表的量子纠缠，而量子密码则直接源于量子测量导致的波包塌缩。

(2) 量子信息技术将促进信息技术进入“量子”时代

量子信息技术可以突破现有信息技术的物理极限，为信息科学的发展提供新的原理和方法，21 世纪信息科学将从“经典”跨越到“量子”时代。量子信息技术是后摩尔时代的重要新技术，将来有望催生新兴产业。据介绍，2012 年量子计算机技术与传统计算机的性能相当，未来量子计算机技术将可以解决任何非量子计算机均无法解决的特定问题。一旦量子计算机的能力超越传统计算机，后者将永远无法赶超量子计算机。量子信息技术应用范围包括纳米级机器人的制造、卫星航天器、核能控制等大型设备，中微子通信技术、量子通信技术等信息传播领域，以及未来先进军事高科技武器和新医疗技术等高端科研领域。

2.3.3　太赫兹技术

（1）太赫兹技术已被多个国家列为未来变革性技术

太赫兹（THz）波是指频率从 0.1～10 THz 的电磁波，介于远红外与毫米波之间（30 μm～3 mm），处于宏观电子学向微观光子学的过渡阶段。太赫兹科学技术是一个非常重要的交叉前沿领域。美国政府将太赫兹技术评为“改变未来世界的十大技术”之一；日本政府将太赫兹技术列为“国家支柱十大重点战略目标”之首；我国政府在 2005 年 11 月制定了太赫兹技术的发展规划。

（2）太赫兹技术对人类社会多个领域产生重大影响

太赫兹技术在多个领域中都起着重要作用。太赫兹的独特性给通信（宽带通信）、雷达、电子对抗、电磁武器、天文学、医学成像（无标记的基因检查、细胞水平的成像）、无损探测、安全检查（生化物检查）等领域带来了深远影响。太赫兹在等离子体检测方面也有重要的优势。利用太赫兹辐射可以探测出高温、高密度等离子体中密度的空间分布。太赫兹在生物医学上的应用具有很大的吸引力。针对皮肤癌的诊断和治疗，太赫兹的医学应用、断层成像、生物化学应用等方面都显示了其强大的功能和成效。太赫兹辐射既可以穿透烟雾，又可以检测出有毒或有害分子，所以在环境监测和保护方面可以发挥重要作用。据报道，太赫兹环境监控设备（利用 CO_2 激光作为泵源，频率为2.5 THz）已安装在美国卫星上。

（3）太赫兹技术在军事领域的应用具有广阔前景

太赫兹在雷达和通信等方面也有很大的应用潜力。美国是最早提出太赫兹雷达这一概念的国家，并先后进行了0.2 THz、1.56 THz、0.6 THz等高分辨率雷达试验，验证了太赫兹雷达的可行性，为今后的发展奠定了基础。2013年8月，美国诺斯罗普·格鲁曼公司在“太赫兹电子研究”项目中继续开发所必需的关键器件和集成技术，以实现中心频率为1.03 THz的小体积、高性能电路。太赫兹集成电路将提高探测能力，确保更加隐蔽的小孔径通信、高分辨率成像，这将空前提高集成电路运行速度。同年11月，“太赫兹电子研究”项目研究人员基于MEMS真空管设计和实现了0.85 THz的功率放大器。该太赫兹放大器可以用于美国国防高级研究计划局（DARPA）的视频合成孔径雷达（ViSAR）以及军事领域。太赫兹雷达作为未来高精度、反隐身雷达的发展方向之一，在军事上定将有广阔的应用前景。

2.3.4 大数据应用技术

（1）大数据浪潮正向人类社会“扑面而来”

大数据是继云计算、物联网之后IT产业又一次颠覆性的技术革命。IBM把大数据概括成了三个“V”，即大量化（Volume）、多样化（Variety）和快速化（Velocity）。2011年5月，全球知名咨询公司麦肯锡发布了《大数据：创新、竞争和生产力的下一个前沿领域》报告，标志着“大数据”时代的到来，报告指出“数据已经渗透到每一个行业和业务职能领域，逐渐成为重要的生产因素；而人们对于海量数据的运用将预示着新一波生产率增长和消费者盈余浪潮的到来”。2012年3月，奥巴马政府发布《大数据研究和发展倡议》，投资2.5亿美元，正式启动大数据发展计划，计划在科学研究、环境、生物医学等领域寻求突破。Gartner公司2012年8月发布的技术发展生命周期趋势图预计大数据将在两年时间内将成为新技术发展的热点。

（2）大数据应用技术将创造巨大的商业价值

大数据的重心将从存储和传输，过渡到数据的挖掘和应用，这将深刻影响企业的商业模式。据麦肯锡测算，大数据的应用每年可为美国医疗健康业和欧洲政府分别节省 3 000 亿美元和 1 000 亿欧元的潜在支出，利用个人位置信息可创造出 6 000 亿美元的潜在价值，因此大数据应用具有远超万亿美元的大市场，将是未来 IT 领域最大的市场机遇之一。

（3）大数据应用技术将渗透到社会生产和人类生活的各个领域

2012 年世界经济论坛发布了《大数据、大影响》的报告，从金融服务、健康、教育、农业、医疗等多个领域阐述了大数据给世界经济社会发展带来的机会。大数据对国家治理模式、企业决策、组织和业务流程，以及个人生活方式等都将产生巨大的影响。大数据可应用于社会生活的各个方面。沃尔玛通过对消费者的购物行为等非结构化数据进行分析，成为最了解顾客购物习惯的零售商，并创造了“啤酒与尿布”的经典商业案例。美国国家海洋和大气管理局尝试利用大数据业务协助对气候、环境、天气进行研究和商业性探索。NASA 利用大数据业务进行航天和其他领域的探索。制药企业和能源企业则借助大数据业务进行更多实实在在的研发、药品试验和地球物理分析。《纽约时报》将大数据作为一种工具，进行文本分析和网络开发。迪士尼公司利用店面、主题公园和网络资产中的数据进行分析，研究消费习惯的相关性。

2.3.5　分布式能源

（1）分布式能源是一种更高效、可靠、环保的能源系统

分布式能源系统（Distributed energy system）是一种新型的能源系统，一般建在用户附近，减少了输配系统投资和能源损失，是更高效、可靠、环保的能源系统，它包括高效热电联产系统、就地式可再生能源系统以及能源循环系统。这些发电系统能在（或靠近）

消费的地点提供电力。其形式主要以绿色能源为主，包括太阳能利用、风能利用、燃料电池和燃料三联供等多种形式。

(2) 分布式能源依托信息技术与能源体系的融合式发展

未来，互联网信息技术与可再生能源将融合发展，使分布式能源呈现出新的发展特点。数以百万计的人们将在家庭、办公区域以及工厂中自助生产绿色能源。此外，正如人们在互联网上可以任意创建属于个人的信息并分享一样，任何一个能源生产者都能够将所生产的能源通过一种外部网格式的智能型分布式电力系统与他人分享。未来每一大洲的建筑将转化为微型发电厂，以便就地收集可再生能源；在每一栋建筑物以及基础设施中使用氢和其他能源的存储技术，以存储间歇式能源。

(3) 分布式能源将促使人类社会向合作模式发展

过去，人类社会的发展以化石燃料的应用为基础。未来的绿色能源革命将逐渐打破这一传统，使社会向分散和合作模式发展。大型发电厂将逐渐减少，分布式光伏发电、风力发电将逐渐增多，数百万的建造大楼都将成为微型发电厂，能源系统向分散模式发展。而这些分布式能源将会把多余的电力送回智能电网，像互联网共享一样，将多余能源共享给电网或者其他能源使用者。每一大洲的电力网将转化为能源共享网络，社会将向合作模式发展。

2.3.6 认知技术

(1) 认知技术是主导智能时代实现人机交互的前沿性尖端科技

认知技术研究人类感知和思维对信息处理的过程，包括从感觉的输入到复杂问题的求解，从人类个体到人类社会的智能活动，以及人类智能和机器智能的性质，它是信息科学、神经科学、数学、科学语言学等学科交叉发展的结果。认知技术不同于传统技术，它意味着更加自然的人机交互能力、不完全依赖于计算机指令的自主学习的能力、以数据为中心的新的计算模型等。认知技术是一个系统工程，源自模拟人脑的计算机系统的人工智能，是贯穿整个计算机软硬件的整体创新。

（2）脑机接口技术成为突破认知技术深入发展的关键性技术

目前，脑机接口技术已经成为认知科学领域最活跃的部分，并取得了诸多突破性进展。2013 年 3 月，英国艾塞克斯大学的研究人员开发出第一种用于控制飞船模拟器的“脑机接口”装置。美国明尼苏达大学成功研制出脑电波遥控直升机，躲避障碍物的成功率高达 90%。通用电气公司和美国空军也正在合作开展类人脑计算研究，用于推动自适应学习、大规模动态数据分析和推理的先进神经形态体系结构和算法的开发和部署。欧盟和美国还公布了“大脑研究计划”，进一步推动该项技术的发展。2013 年 1 月和 4 月，欧盟和美国分别宣布投入 10 亿欧元和 38 亿美元，启动“大脑研究计划”。其中，欧盟的“大脑研究计划”旨在用巨型计算机模拟整个人类大脑，而美国的“大脑研究计划”则着眼于研究大脑活动的所有神经元，绘制详尽的神经回路图谱，探索神经元、神经回路与大脑功能间的关系。北京时间 2019 年 7 月 17 日，“科学狂人”埃隆·马斯克创立的 Neuralink 公司发布脑机接口系统；2019 年 7 月底，国际期刊发表了美国科学家语音解码器的相关研究，该研究利用脑机接口分析大脑信号，从而判断人们在说什么。

（3）认知技术将创造巨大的潜在价值

认知技术的研究成果将直接造福于人类社会生活。借鉴人脑构造方式和运行机理开发出的智能机器人将走进平常人的生活，人与“物”将可以直接进行交流，“物”也将具有思考能力，日常生活的方方面面都将更加便捷，人类将真正迎来“智能化”时代。认知技术开辟了解放人类智力劳动的途径，有可能把人类从智力劳动中解放出来。它的积极作用将推动人类的非生物进化和社会变革。认知技术还具有潜在军事价值，通过“脑计划”的实施将推动认知领域走向战场前沿和装备层面，推动人工智能技术在军事领域广泛应用。通过大脑实现对外界物体或设备的直接控制，减少或替代人类肢体操作，可以提高作战人员操控武器装备的灵活性和敏捷性。认知计算机还可使无人平台（无人机、机器人、无人潜艇）像人一样思考，提升无人平台的智能性。

2.3.7 空间技术

（1）空间技术与人类社会生活密不可分

空间技术应用已开始渗透到现代社会生活的方方面面，极大地改善了通信、交通、传媒、航空管制、天气预报、环境监测和自然灾害管理。空间技术应用有可能为社会应对 21 世纪的诸多挑战做出重大贡献，如国家安全、环境监测和自然资源管理等。日常生活的主要活动（如天气预报、全球通信和传播、灾害预防和救援）也将越来越依赖于空间技术的应用。未来，空间技术还将应用到远程教育、远程医疗、现代化农业、土地利用管理以及各种国际条约的监测，具有广阔的社会经济前景。

（2）国际空间竞争态势日趋激烈

当前，美国仍处于世界空间领域的领先地位，欧洲、俄罗斯等航天大国与地区正在加速自身追赶的步伐，力图进一步缩小与美国的差距，越来越多的国家通过自行研制或合作开发等方式进入空间领域，试图在未来空间领域占有一席之地。总体来看，国家空间竞争态势仍将继续并更加激烈。目前，世界上已有 12 个国家能够发射卫星，27 个国家拥有自己的对地观测卫星，38 个国家控制着自己的通信卫星，各国包括太空旅游、私人组织的各种空间竞赛项目都在进入和占据太空领域。同时，随着全球范围内的技术扩散，太空技术门槛和成本逐渐降低，进入空间并在空间从事各种活动的参与者显著增加，不仅包括国家，也包括跨国公司、非政府国际组织甚至个人，太空活动也从政府行为向商业甚至私人行为扩展。

（3）“太空经济”时代已经到来

如今的太空“商”味越来越浓。不仅有形形色色的商业卫星绕着地球跑，连载人航天也出现了商业化，只要付得起 2 000 万美元，就可以搭乘飞船遨游太空，甚至未来还将出现太空旅馆。正因为如此，NASA 前局长迈克尔·格里芬在纪念 NASA 成立 50 周年活动的开场演讲时宣布，“太空经济”时代已经到来！据美国太空基金会在 2013 年公布的报告称，“太空经济”规模在 2012 年已达 3 043.1 亿美元。所谓“太空经济”包括各种太空活动所创造的产品、服务和市场。新兴的“太空经济”正在改变地球上人类生活的方方面面。随着太空探索对科技发展的需要不断深化，卫星传输数据、远程医疗和卫星导航已成为现实，人类对气候监测的水平不断提高，太空旅游业也方兴未艾。

2.4　全球百强创新机构反映全球创新格局

近期，科睿唯安信息服务有限公司发布了 2020 年度全球百强创新机构榜单，该排行榜基于对申请专利评估和专利技术的深度分析，以专利总量、专利授权成功率、专利组合的全球覆盖率，以及基于引用的专利影响力为评定标准，对全球企业及机构进行了排名。“德温特 2020 年度全球百强创新机构”的上榜机构分布于三大洲的 14 个国家和地区。美国上榜机构达到 39 家，数量居首。日本紧随其后，有 32 家机构上榜。美日两国的上榜机构之和接近榜单总数的 3/4。上榜机构的行业分布中，硬件与电子行业以 38 家上榜机构的数量位居各行业之首，比去年增加 3 家。制造业和医药领域以 16 家上榜机构紧随其后，电信和软件行业各有 8 家上榜机构。

在航空航天和国防领域，共有 4 家企业入选全球创新百强，分别是美国的波音公司、雷声公司，法国的泰利斯公司以及日本航空电子工业株式会社。美国著名军工巨头洛克希德·马丁公司曾连续多年入围创新百强，但在 2020 年落榜。在 2011 年和 2012 年，分别有 8 家、9 家航空航天和国防企业入围创新百强。

从榜单中可以看出全球科技创新的两大趋势。第一，颠覆性企业的崛起正在稀释传统创新巨头的发明市场份额，全球专利市场呈现碎片化趋势。面对来自颠覆性企业的竞争，全球排名前 1 000 位的大型机构在创新市场上所占的份额呈现缩水态势：6年前，德温特世界专利索引中逾1/4（27%）的发明源自排名前1 000位的机构。如今，这一比例已经下降到18%。现在越来越多的专利是由小企业，甚至个体企业家和发明家孵化而来。全球创新环境正呈现碎片化趋势。报告认为：第一，大型企业必须学会更好地协作并探索非传统的合作伙伴关系，否则存在落伍的风险。第二，协同创新日益重要。创新正日益成为一项知识密集型的活动，并且随着技术的融合，基础学科和工程类学科更频繁地相互结合，因此需要涉及多领域的专业知识。德温特世界专利索引中每项专利记录列举的发明机构平均数量每年呈上升趋势，由2014年的2.84家上升到2019年的2.99家。

近年来，我国企业知识产权创造量质齐升，创新活动无论从数量还是增长率上都在大幅增加。根据我国国家知识产权局数据，2017年我国发明专利申请量为138.2万件，同比增长14.2%，连续7年居世界首位；PCT国际专利申请受理量5.1万件，同比增长12.5%。尽管我国企业专利申请数量已经位居首位，但我国大陆企业入选全球创新百强的数量仍然偏少，2020年仅有3家公司入选，与美国、日本相比差距悬殊。专利质量低及专利全球化程度低是造成这种现状的主要原因。根据科睿唯安发布的《2017年中国大陆创新企业百强》报告，我国创新百强机构的每个专利家族被引用次数的平均值仅为0.85，而全球百强创新机构则为1.12。我国百强创新机构在专利质量、专利全球化方面与全球百强创新机构相比差距明显，亟需进一步提升。

第3章　国防领域创新政策

3.1　美国创新政策

美国作为世界上军事力量最强大的国家，其国防工业的创新能力在全球首屈一指。随着新军事变革和以信息技术为代表的高新技术迅猛发展，美国国防工业产业结构正在不断朝着高级化的方向发展。美国军工企业集团业务领域主要集中在航空、航天、电子等高科技领域。据美国《防务新闻》最新发布的2019年全球百强军工企业排行榜中，美国继续占据百强军工企业排行榜的主导地位，共有41家企业入围。在排行榜前10位中，美国企业占据了5家，其中，洛克希德·马丁公司以505亿美元防务收入蝉联第一。

美国国防工业的宏观管理主要是通过国会、总统、国防部和三军来决策和实施的。国会和总统是国防工业的最高决策层，负责制定国防工业的总体发展战略，并通过预算拨款和政策对国防工业实施宏观调控。国会负责通过立法对国防工业进行宏观控制审核及批准国防预算。陆、海、空三军总部负责本军种装备研制、生产、采购、维修的具体组织实施。

美国的国防科研由国防部主导，其科研体系主要由四部分组成。一是军内科研单位，主要从事应用研究，也从事部分基础研究和先期技术开发工作。二是大学，军队基础研究项目的50%是由大学完成的。三是国防工业企业科研机构，它们除了从事军用产品的研制和生产以外，还从事国防科学技术开发和应用研究。四是政府职能部门的研究机构，部分研究机构从事与国防有关的项目研究与开发。

3.1.1 以国家战略牵引国防科技创新发展

美国非常重视国防工业建设，从国家战略层面制定政策和规划来推动国防科技的创新发展。其中包括宏观顶层的《美国国家军事战略》《美国创新战略》《战略规划指南》《联合作战指南》《四年一度防务评审报告》《国防工业能力评估报告》等和涉及重点技术领域的《空间政策》《弹道导弹防御评估报告》《核态势报告》《国家人工智能研究和发展战略规划》等。

美国政府通过发布战略、规划以及装备发展评估等报告来牵引美军改革发展的方向、武器装备研制和部署的重点。例如，2010 年度发布的《四年一度防务评审报告》中指出，美军有效执行当前和今后任务的关键是更好的赋能系统，包括有偏转翼飞机、无人机系统、情报分析、战术通信系统、更强大的空间资产和更有效的电子攻击系统等。这为美军未来的装备研制和部署提出了发展的方向并且指明了未来创新研究的重点领域。2015 年发布的新版《美国创新战略》提出加强创新生态系统建设，并重新确定目标与实现路径，以保持国家核心竞争优势，推进经济持续增长。2019 年美国政府发布的新版《国家人工智能研究和发展战略规划》，对 2016 年的版本进行了全面更新，规范了国防部、国家科学基金会等部门人工智能领域前沿技术的创新研究。

经过多年发展，美国已基本形成以国家安全、军事战略为牵引，明确重点发展的关键技术领域和武器装备的国防体系。围绕重点领域，投入大量国防预算资金，牵引国防科研创新的投入方向，并取得良好的效果。

3.1.2 制定军民两用技术发展政策，推动军民创新融合

冷战结束之后，美国着手推动国防工业转轨，打造经济可承受的国防工业，率先把发展军民两用技术及产业发展提高到国家战略地位并加以实施，推动建立军民一体化的工业体系。美国为了促进

军用技术与民用技术的融合，制定了许多计划来支持军民两用技术创新，其中重要的计划有：先进技术计划（ATP）、小企业创新研究（SBIR）计划、技术创新计划（TIP）。

美国于 1988 年开始启动 ATP，旨在构筑实验室与市场之间的桥梁。协助企业投资那些具有巨大市场潜力，但研发周期长、投资风险大的新技术。ATP 的先期投资加速了具有良好商业回报和对国家具有广泛利益的创新性技术的开发，提供了一种使产业界扩大研究范围和尽快推出研究成果的机制。ATP 自 1990 年实施以来，在促进科技成果转化方面已取得了较好的效果，尤其是在产品商业化和应用化方面，都起到了极大的促进作用。有关评估表明：62% 的 ATP 商业化提前了两年以上，77% 的 ATP 确定了一种以上应用产品，40% 的 ATP 能够形成新产品或改进产品，71% 的 ATP 已开展了市场分析活动（销售预测和产品开发试验）。

SBIR 计划于 1982 年创立，是为了利用小型技术公司的创新能力，在美国国会的直接领导下，建立的旨在发掘和利用小企业实力为国家和国防服务的计划。联邦政府每年提供 10 多亿美元资金，帮助选定的小型技术公司发展“解决政府难题和提高国家技术水平的前沿技术”。为了更好地推动这一工作，联邦政府又分别于 1992 年和 1995 年创立了小企业技术转移（STTR）计划和快速追踪（Fast Track）计划，形成了支持小型企业技术创新的有机体系。在这些计划中，来自国防部的项目最多占据了 SBIR 和 STTR 一半以上的经费，为陆海空三军、弹道导弹防御司令部、国防高级研究计划局（DARRA）、特种武器局、美国联合特种作战司令部和国防部长办公室等提供研究支撑。SBIR 计划创立以来，取得了显著的成绩，被认为是“联邦政府最有效的技术计划之一，是一种重大的、潜在的国防部资源”。SBIR 计划改善了国防部一些迫切需要改进的薄弱环节，提高了武器装备实力，提升了国防工业现代化水平，并使小企业在军用和民用市场上获得了较好的盈利。

2007 年 8 月 9 日，美国创立了技术创新计划（TIP）。TIP 介于小企业创新研究计划和基础研究之间，处于基础研究的后端并整个面向应用的技术创新阶段，资金有联邦政府和企业、大学，甚至风险投资等多种来源，主要致力于面向应用的技术创新项目。在资助领域上，TIP更为强调高风险、高回报的领域。TIP要解决国家关键领域所面临的技术挑战，强调研究结果的可转化性。

3.1.3 重视国防安全，注重对国防科研的持续投入

美国政府历来都把国防安全放在政府工作的重要位置，冷战结束后，美国强调“和平时期技术优势是威慑力量的关键要素”。为此，美国一直保持国防科研投入的持续稳定增长。对国防科研的持续投入，为国防创新提供了强有力的保障，使得美国国防工业的创新能力一直处于世界领先水平。

“9·11”事件以后，美国国防预算一直保持了近十年的高速增长。近两年，受金融危机影响，美国经济开始下滑，国防预算开始下降，但是美国政府的宏观科技政策仍然延续过去几年的做法，继续重视对科学技术发展的投入，希望通过科学技术的发展来加强美国全方位的国家安全。

美国长期保持高额的国防研发投入，自进入21世纪以来，年均国防研发费约700亿美元，相当于国防部武器采办费用的64%，是欧盟全部成员国该投入总和的6～7倍。联邦政府科研经费有50%～70%用于国防研发，其中90%以上投向国防部，其余支持能源部和NASA等部门的国防科技活动。国防科技创新不仅推动了武器装备创新发展，还有力带动了国家科技进步。美国颁布的《国家安全科学技术战略》明确指出：“我们的目标是建立一个既满足军事需求又满足商业需求的国家先进技术与工业基础。”历史上，数控机床、通信卫星、GPS、互联网、计算机、标准化船载集装箱等的技术发源地都是国防部。

为保证美国在武器装备领域的全球领导地位，尤其是对于未来可能产生重要影响的技术，美国对其更是加大投入，促进其发展，

如弹道导弹防御、无人机和网络中心战等。此外，美国国防部还对国防工业供应链进行审查，通过投资来保障技术关键部分的高水平。在“国家制造创新网络”计划中，国防部门牵头建立了目前已知的全部 9 家制造创新机构，担当了美国振兴先进制造业的排头兵。

3.1.4　举办多样化创新活动，激发全社会创新活力

为促进军地双方信息沟通交流，美国国防部经常采用提案日、工业日、开放日等形式，扩大国防科技活动公开竞争范围，广泛吸引各类创新主体参与国防科技竞争。2019 年 2 月 20 日，DARPA 国防科学办公室举办“能力感知机器学习”项目提案日活动，发布“能力感知机器学习”项目的跨部门公告，向全社会寻求能力感知机器学习领域的研究创新概念，寻求开发基于感知能力的可信机器学习系统。2019 年 5 月 29 日，美国情报高级研究计划局举行工业日活动，简述使用多光谱成像数据融合技术进行情报分析的研发项目，研究“天基机器自动识别技术”。2019 年 12 月 4 日，DARPA 生物技术办公室举办“单兵防护生物系统”提案日活动，以开发无负担的单兵生化防护解决方案，降低对传统笨重防护装备的需求，提高生化威胁防护能力。

为调动全社会创新资源，激发全社会，特别是年轻人的创新潜力，选拔最优秀的创意和方案，美国国防部相关机构举办了多种多样的挑战赛，这些创新竞赛活动在推动国防科技创新方面发挥了显著作用。2019 年 7 月 1 日，DARPA 启动地下挑战赛虚拟竞赛，旨在变革作战人员和第一响应人员在人造隧道系统、城市地下环境和自然洞穴网络中的作战方式。参赛团队致力于开发能够在地下环境进行远程快速绘制、导航和搜索的突破性技术。共有九支团队参赛，包括高科技企业、大学、科研机构等，各团队从地下挑战赛技术库中选择配置，组装所需的机器人和传感器，为其机器人和传感器编写软件和算法。7 月 10 日，美海军举办人工智能应用到主动防御网络安全挑战的竞赛，由信息战系统司令部和指挥、控制、通信、计

算机和情报程序执行办公室主办，以汲取网络安全创新想法，更快地把先进人工智能技术吸纳到舰队，为现实世界的网络安全挑战寻找机器学习和人工智能的解决方案。

3.2 俄罗斯创新政策

俄罗斯国防工业体系庞大，国防工业基础雄厚，门类齐全，科研、生产能力强大。当前的俄罗斯国防工业继承了苏联大部分国防工业的科研生产能力。俄罗斯国防工业具有较雄厚的基础，是当今世界仅次于美国的军事大国和强国。近年来，俄罗斯加大了对国防工业的调整力度，在发展战略、管理体制等方面进行了一系列的改革和发展，形成了特色的国防工业体系。在宏观管理上，俄罗斯对其原有管理体制进行调整和改革：将国防科研、生产的规划和费用管理权以及军工产品的出口权逐步向国防部集中；国防工业管理体制由多个国防工业部门向国家综合部门融合，具体的管理机构由国防部和政府部门负责。

俄罗斯国防部掌握着武器装备发展的规划计划权、费用管理权以及采购权，主要通过招标制向国防科研院所、设计局、军工综合体和生产企业下达有关国防科技方面的任务。俄罗斯的四大军种均设有装备技术部，可根据本军种的需要进行武器的战术和技术论证，向国防部武装力量装备部提出战术技术任务书。俄罗斯委员会所属“安全与国防问题委员会”和国家杜马“国防委员会”也对国防科技发展战略以及军事装备和生产等问题提出决策性意见。2012年10月16日，俄罗斯总统普京签署了《前瞻性研究基金法》，成立了类似美国DARPA的先期研究基金会。该基金会的职能十分重大，它对国家国防和安全领域内高风险、突破性的尖端科学技术进行研究和开发。基金会的成立彰显了俄罗斯对国防科技创新的高度重视。

俄罗斯国防科研体系主要由四个层次的科研机构组成：一是国家级科研机构，是俄罗斯国防科研领域的主要力量；二是部门级国防科研机构；三是各企业集团自身的科研机构；四是大学科研机构。

3.2.1 出台国家政策文件及先进技术战略规划，促进国防科技创新

俄罗斯很重视科学、完备的法规政策体系，为持续推进国防科技创新提供制度保障。在顶层战略方面，2015 年，俄罗斯出台新版《2020 年前俄罗斯国家安全战略》，对俄外交政策优先方向、军事力量发展以及经济能源安全等做出规定。2016 年，俄罗斯出台新版《俄罗斯联邦科技发展战略》，明确了俄罗斯科技长远发展战略和方向重点，并确定了科技优先发展的方向，包括数字化生产技术、新材料、大数据处理系统、计算机教学和人工智能、新能源、医学模拟技术等。

在先进技术规划方面，2016 年，俄罗斯开始推动部署《国家技术创新计划》，指出俄罗斯工业 4.0 将围绕《国家技术创新计划》展开，俄罗斯应建立全球价值产业链，实现技术的跨越式发展。2019 年，俄罗斯政府发布《2030 年前国家人工智能发展战略》，旨在促进俄罗斯在人工智能领域的快速发展，包括强化人工智能领域科学研究，为用户提升信息和计算资源的可用程度，完善人工智能领域人才培养体系等。

3.2.2 打造军民一体化创新工业基础

俄罗斯把开发军民两用技术作为维持国防工业基础生存与发展的重要手段。在苏联解体后，即着手对国防工业体系进行了改革。1991 年制定了《俄罗斯联邦共和国国防工业军转民法》和《1991—1995 年国防工业转产纲要》；1996 年又根据国防工业的发展情况，制定了《1995—1997 年俄联邦国防工业转产专项计划》，之后又出台了《1998—2000 年国防工业军转民和改组的专项规划》，提出要增加国防工业中民品的比重。但是由于缺乏统筹规划，改革推进速度过快，相关措施没有跟上，俄罗斯的“军转民”不仅对原来军工基础

造成了巨大损害，民品发展也没有取得预期的效果。2000 年俄罗斯开始把国防工业的发展纳入国家的总体发展战略和军事改革的总体战略目标，制定了《2001—2006 年国防工业改革和发展规划》《俄联邦国防工业综合体至 2010 年及远景发展的基本政策》等政策性文件，有力推动了国防科技协同创新工作，并通过制定《2006—2030 年载人航天发展规划》来推动军用技术带动民用航天的发展。

俄罗斯还对国防军工企业进行了重组，指导有潜力的军工企业开发民品，将军事技术、两用技术结合起来统筹发展，这样既能够履行高水平武器装备研制的军品任务生产职能，又能在国内外市场上开展两用技术产品的竞争，加速科技成果产业化，最终实现军用产品与民用产品双向互惠互利。

俄罗斯国防工业企业通过军民融合，加速了科技成果的转化，实现了技术上的优势互补，降低了开发、研制与生产成本，提高了产品性价比和市场竞争力，最大程度地发挥了国防工业对国民经济的带动作用，实现了国防与国民经济的互动发展。俄罗斯未来研究基金会举办了多种活动，其目标和宗旨就是助力俄罗斯高新科技领域的研创活动及其成果转化，服务国家安全及国家防御建设。截至 2019 年 6 月，该基金会共受理超过 1500 个项目申请，拟加强项目转化工作，正在逐步向每年实施 60～70 个项目的目标迈进，这些项目是对国家武器装备规划及国防安全目标计划的补充和完善。

3.2.3 以军品贸易带动国防科技创新

俄罗斯高度重视军品贸易发展，在经济增长放缓、武器装备列装不足以支撑国防科技创新的情况下，通过建立武器装备与国防技术进出口公司，积极开发国际市场，以军品贸易大力推动国防科技创新。俄罗斯装备与国防技术进出口公司主要负责俄罗斯的武器装备对外出口。该机构的成立，表明发展军贸成为促进俄罗斯武器装备发展和创新能力提升的主要路径。

俄罗斯除了积极巩固其传统的军贸市场之外，还不断开拓新市场，包括南美、越南、意大利、以色列等国。据俄罗斯国防部前部长亚历山大·福明声称，俄罗斯 2019 年向 50 个国家出口了总额超过 152 亿美元的武器，占世界军品武器出口额的 21%，位居世界第二位。

俄罗斯通过“以出养内、以外联内”的方式，推动军工企业改造和管理重组，加快国防工业综合体对外合作的步伐，力争在国际贸易与竞争中取得更多利润份额。通过推动军品贸易，俄罗斯保持和推动了国防综合体的科技创新能力；充分利用军工设备，实行军品和民品生产一体化。这些都为俄罗斯国防工业的发展和创新奠定了雄厚的经济基础。

3.2.4　促进国防工业改革，提升创新能力

国防工业改革是提升创新能力和工业竞争力的有效手段。进入 21 世纪以来，俄罗斯一直高度关注国防工业改革问题，加大调整力度。2001 年 11 月，俄罗斯颁布了《2010 年前及长远未来俄联邦国防工业综合体发展领域的政策基础》，该份文件针对俄罗斯国防工业改革远期规划文件，专门阐述了俄罗斯国防工业改革的政策架构。

俄罗斯为加强国家对国防工业的“垂直化”管理，于 2006 年 5 月成立了俄罗斯政府直属的常设机构——军事工业委员会，并且逐步建立了军事工业委员会领导下的俄罗斯执行权利机构。通过建立这种新的直属管理机制，俄罗斯长期以来的政府部门管理效率低下的情况得到改善，并且促进了国防工业创新能力的发展，提高了军方作为武器装备的最终用户对国防工业的影响，能有效集中并强化对国防工业的经营管理，为国防工业创新能力发展提供了良好的环境。

俄罗斯还确定了对国家利益和安全有重大意义的国家“核心成员”——战略企业和公司，其中包括国防工业中禁止私有化的战略企业和股份公司，并对生产战略性产品的股份公司制定了国家掌握控股权的机制，即国家至少持有 51%的所有权股份。通过确定战略

企业，俄罗斯建立起数量有限、具有完整生产流程、超大型的、纵向管理的、行业内及跨行业的、军民生产联营的联合公司，满足了国家现代化武器装备以及军民两用产品的需求，优化了国防工业综合体企业的资源配置，提高了竞争优势，提升了企业的创新能力。

3.3 英国创新政策

英国国防工业总体实力处于世界领先地位，其国防工业包括军用航天、军用航空、军用舰船、军用电子、常规兵器和核武器等。经过改革调整，英国国防科研机构主要有国防科学技术研究院、奎奈蒂克公司、英国国家航天中心和原子能权威技术机构等几家。其中，国防科学技术研究院既是科研机构，又是英国国防部的职能机构。

在宏观管理上，英国国会、首相及首相领导下的国防与海外政策内阁委员会是英国国防工业的最高决策机构，国防部、贸易与工业部和原子能管理局等是政府管理部门。国防部统一管理武器装备的发展、研制和生产供应，其所属的国防工业委员会负责研究国防工业发展方向，制定国防工业方针政策、规划等，协调政府与军工部门的科研生产活动。贸易与工业部负责国防工业与国民经济建设的协调工作，领导英国国家航天中心、电子与工程局、英国工业航天委员会、车辆与矿物局和舰船建造局等业务机构。

英国国防科研机构由政府科研机构、军工企业科研机构和高校科研机构组成。政府科研机构指国防部直属的科研院所和其他政府研究机构，它们是英国国防工业的核心科研力量，每年承担近三分之二的国防科研任务，工业界和学术界承担其余的三分之一。虽然与美国、俄罗斯等军事大国相比，英国在国防工业实力和国防科技创新组织管理上存在一定差距，但是，其在国防工业的一些创新举措仍值得我们借鉴。

3.3.1 制定国防技术创新战略，引领国防创新

英国拥有实力雄厚的科研基础和高效率的创新系统，为保持其优势地位，英国政府从国家战略层面引领国防创新，比如分别于 2006 年、2009 年和 2019 年发布了《国防技术战略》《国防技术计划》《国防科技框架》，从国家宏观层面制定顶层战略规划，有力推动了国防技术的创新。

《国防技术战略》对英国军事技术的发展进行了总体规划，明确了英国目前的军事技术水平与能力需求之间的差距，提出了未来优先发展的关键技术。该报告指出，要积极推动国防技术关键领域的创新，从军方的需求出发，并且要求国防部与工业界和大学保持良好的合作关系，建立其联合投资框架，寻求最佳的技术解决方案，促进技术的成熟与发展。该战略报告的发布，展示出英国军事技术发展的全景图，确立了英国未来军事技术发展创新的方向，为国防工业的创新指明了方向。

《国防技术计划》首次提出国防部为满足未来军事需求而规划的长期研究计划和目标，分为系统、新兴技术、能力愿景三部分。系统部分包括舰船、地面装备、航空航天、武器、C4ISTAR 与核生化、交叉学科、联合供应链七大系统，并且成立“国防企业中心”（CDE）加强创新孵化，鼓励发明家、科学家、学者与私人投资者共同研究探索新的国防技术。这些都为英国的国防工业创新提供了一个崭新的平台，极大地促进了国防工业创新能力的发展。

《国防科技框架》对推动英国国防现代化及军事能力变革的重要技术进行了战略性评估，重点关注先进材料、人工智能等七大技术群，并阐述其最具潜能的军事应用领域，以支撑英国国防部“技术引领的现代化”战略，积极推动先进新技术的前沿军事应用，并致力于为英国国防部及其合作伙伴的科技研发与转化应用活动提供指导，推动科技成果转化应用，快速生成军事能力。

3.3.2 支持小企业创新，有效补充国防科研实力

目前，英国已经成为中小企业占国民经济比重较高的国家之一。小企业在英国国民经济中所起的作用也越来越明显。由于具有灵活性和快速反应能力，小企业在英国国家创新体系中也发挥着不可或缺的作用。为此，英国政府重视和鼓励小企业的发展和创新，向小企业提供了多种财政援助。通过小企业创新，许多民用创新技术转化为军用技术，有效地补充了国防科研实力，极大地促进了国防工业的发展。英国国防部称“中小企业是提供英国创新性国防和安全解决方案的排头兵”。例如，由智能纺织品公司开发的自充电编织物防护服，可以减少前线作战部队对电池的依赖；由科斯沃思（Cosworth）公司开发的运动汽车技术，用于防护车辆；由剑桥设计伙伴（Cambridge Design Partnership）公司开发的用于前线制氧的便携式制氧器，由 Dreampact 公司开发的战场持久监视设备，由伦敦帝国大学开发的能够探测轻武器射击方向的传感器系统等。

2011 年，在伦敦创新展览会上，获得国防部研究合同的部分英国中小企业展示了技术研究项目。会展当天，英国国防部宣布授予中小企业 9 项总价值 50 万英镑的新合同。中小企业在英国国防部所有的研究合同中大约占 60%份额。中小企业的技术由位于牛津郡的“国防企业中心”通过签订研究合同进行支持，该中心在英国国防部和工业部门之间发挥着桥梁的作用。

3.3.3 加大对关键武器装备的投入，提升关键能力

英国政府通过将投资的重点集中在能够领先世界的核心军事技术领域，来确保英国在军事装备的发展上保持和拥有强大的核心技术能力，并占据主导地位，从而提升关键技术能力，并且英国政府对每一项优先发展的关键技术都确定了具体实施途径。对于本国无法掌握的关键技术，则强调通过国际合作、建立战略伙伴关系等方式获取；对那些对作战能力有重大影响的技术领域，注重保持与其

他国家（特别是美国和欧洲）的良好合作关系，分享技术成果，共同促进技术发展。开展国际合作既可实现技术上的优势互补，又可分摊费用，节省经费，降低成本和风险。此外，还有利于盟国之间武器装备的标准化和通用化。

英国政府已将 C4ISTAR 技术、近战及作战保障技术、防生化核技术领域、反恐技术领域、复杂武器技术领域、常规武器与能量技术领域、固定翼飞机和无人机技术领域、共性技术领域、新型技术领域确定为重点武器发展领域，通过增加资金投入，制定发展规划，明确发展重点，大力推动技术创新，从而提高英国国防的关键能力。

3.4　德国创新政策

德国的国防工业体系完整，能生产多种海、陆、空常规武器，是世界上重要的军火生产国和出口国之一。目前，德国的国防工业已经完全实现现代化，在国际市场上具有极强的竞争力。

德国国防工业的宏观管理是由德国议会、联邦总理及总理领导下的内阁委员负责的，其主要职责是制定国防工业发展战略和重大方针政策。国防部总装备部具体负责国防工业管理。德国宇航中心是国防工业的重要管理部门，负责民用航天活动，包括制定航天工业政策和发展规划。

德国国防部的装备部负责三军各种武器装备的研究。预研工作由装备部的国防技术专员统一管理，型号研制工作由国防技术与采办总署全面管理，具体研制工作由工业界承担。德国的国防科研力量除少数几个政府科研机构外，主要是由私营国防科研机构、高等院校和大型军工企业三部分组成。德国政府将国防工业纳入市场经济体系，不建立单独的军工体系，不设国营军工企业，武器装备的研制与生产任务全部由民间军工企业承担。

3.4.1 重点发展关键技术领域，保护核心工业能力

近年来，受经济危机和德国经济发展减速的影响，德国对国防工业的投入呈下降趋势。为应对当前军事需求的变化和国防工业投入下降的形势，德国采取了保证重点国防技术的发展战略。重点国防技术包括侦察、指挥、通信、防空、反导、航天、空中运输等。德国政府在具体的武器项目型号上也确定了重点，明确了优先发展顺序。德国政府2006年推出“高技术战略”，迄今已两度修订升级。2014年推出的最新版本又称“新高技术战略”，它聚焦全球性挑战，引入更多新主题和资助模式，共提出6项优先发展任务：数字经济与社会、可持续经济与能源、创新工作环境、健康生活、智能交通、公民安全，为德国科研和经济发展进一步明确方向。德国近年来提出的旨在融合信息通信技术和传统工业生产的“工业4.0”，就是数字经济与社会的重要组成部分。

虽然近年来德国国防工业规模逐步缩小，但鉴于国家安全利益的需要，德国在进行结构调整的过程中，保留了国家国防工业的核心力量。近年来，德国政府强调要通过相应的财政拨款，来维持德国国防工业核心能力。其中，包括确保德国核心能力企业的生产能力及国际竞争力。明确企业的改革要朝着“技术核心能力”方向演变，特别是要维持德国在潜艇、护卫舰和装甲车市场的领先地位，和维护国防工业系统的完整性，改革和完善组织管理结构，使其能够更好地为德国发展核心能力服务。

3.4.2 促进军工企业的整合，加强装备发展的国际合作

同美、俄相比，德国军工企业规模小，难以同这些大国的军工企业相抗衡，为此，从20世纪80年代末期，德国政府开始促进和推动军工企业的合并与集中，以增强与外国大公司的竞争能力。比如奔驰公司在1986年兼并了ABC电气有限公司、Dorniet航天技术公司和MTU公司。1989年又与著名的军工企业MBB公司合并，成

立戴姆勒•奔驰公司。军工企业的合并与集中，一方面既保存了军工核心力量，发挥规模经济的优势，另一方面可以使军工企业具有足够规模和实力参与国际竞争。

推动国防工业的国际合作是德国长期以来坚持的基本方针。德国政府认为，各国的国情不同，在经济、技术、资源等方面互有优势与劣势，跨国合作能扬长避短，实现优势互补，取得良好的经济效益和社会效益。跨国合作还能提高武器装备的质量和技术含量，增强在国际军火市场上的竞争力。20世纪90年代，在德、法两国国防部长会议上，两国决定成立联合的武器装备局。目前，德国与西欧国家的重大合作项目有EF2000战斗机、NH90直升机、“虎”式直升机、FASF未来地对空导弹、护卫舰、大型运输机、侦察卫星等。

3.4.3 积极推进国防科技的军民一体化发展，为创新提供资金支持

德国政府和军工企业强调发展军民两用技术，重视军民两用技术的相互转换和利用，并给予政策和资金支持。德国政府认为大力发展军民两用技术，是大量节省研制生产费用、弥补日益短缺的国防科研经费的重要途径，可以使武器装备的发展植根于整个国民经济和科研基础之中，充分调动各行各业的积极性、主动性、创造性，充分发挥全社会的科技和生产优势，加快新技术在军品开发和生产中的运用，缩短武器装备的研制周期，促进国防产业的蓬勃发展。

在德国，较大的公司都是既生产军品又生产民品，并且把军品的科研与生产完全纳入市场体系之中。由此，政府部门和军队领导机关可以摆脱管理科研单位和生产厂家的繁重任务，科研单位和生产厂家也减轻了对军品订货的依赖，有利于企业把自己融入市场经济的大潮中；企业既生产军品又生产民品，有利于技术在军、民之间的相互转换。

德国政府通过积极推进军民一体化发展，为国防工业发展提供

了雄厚的资金支持，极大促进了国防工业的创新发展，为国防工业的发展奠定了坚实的基础。同时，为使德国晋升全球创新领先行列，德国联邦经济部2017年发布《创新政策重点》文件，提出了到2025年研发强度达3.5％、企业创新比例达50％、创业投资占GDP比重达0.06％的目标。将大力推进中小企业创新和数字化，并使德国未来在关键技术领域处于领先地位。一方面，对不同技术方向持开放态度，由企业自主决定技术投资方向，通过促进各类创新、刺激创业、加快数字化、加大公共创新采购、开展创新友好型监管，使更多创新潜力成为可能。另一方面，为占领未来世界科技领先地位，将加强产学研合作，发展工业4.0，完善质量保证基础设施，考虑部分借鉴美国DARPA新设德国战略性创新中心，并着重发展微电子、人工智能、生物技术、量子技术四大关键技术。

第4章　创新能力与效果评价

4.1　我国创新创业政策环境及发展现状

4.1.1　我国“双创”政策体系持续健全

自2015年《政府工作报告》正式提出“大众创业万众创新”以来，我国从政府到行业、企业等各个层面积极推进“双创”，持续健全“双创”政策体系。

在推动“双创”支撑平台建设与发展方面，2015年3月，国务院出台《关于发展众创空间推进大众创新创业的指导意见》（国办发〔2015〕9号），2015年9月，国务院出台《关于加快构建大众创业万众创新支撑平台的指导意见》（国发〔2015〕53号）；2016年2月，国务院出台《关于加快众创空间发展服务实体经济转型升级的指导意见》（国办发〔2016〕7号），等等。这些政策，重点以营造良好创新创业生态环境为目标，以激发全社会创新创业活力为主线，以构建众创空间等创业服务平台为载体，有效整合资源，集成落实政策，完善服务模式，培育创新文化，加快形成大众创业万众创新的生动局面。

在推动“双创”试点示范方面，2016年5月，国务院出台《关于建设大众创业万众创新示范基地的实施意见》（国办发〔2016〕35号），2017年6月，国务院出台《关于建设第二批大众创业万众创新示范基地的实施意见》（国办发〔2017〕54号），重点围绕拓宽市场主体发展空间、强化知识产权保护、加速科技成果转化、加大财税支持力度、促进创业创新人才流动、加强协同创新和开放共享等创业创新重点改革领域开展试点示范，分两批次认定了120家区域类、高校和科研院所类、企业类三类国家级“双创”示范基地，通过建设一批“双创”示范基地、扶持一批“双创”支撑平台、突破一批阻碍“双创”发展的政策障碍、形成一批可复制可推广的“双创”模式和典型经验，以便在更大范围、更高层次、更深程度上推进大众创业万众创新，加快发展新经济、培育发展新动能、打造发展新引擎，进一步促进社会就业，推动形成“双创”蓬勃发展的新局面，实现发展动力转换、结构优化，促进经济提质增效升级。

在推动“双创”快速发展方面，2015年7月，国务院出台《关于积极推进“互联网＋”行动的指导意见》（国发〔2015〕40号），进一步发挥互联网的创新驱动作用，以促进创业创新为重点，推动各类要素资源聚集、开放和共享，大力发展众创空间、开放式创新等，引导和推动全社会形成大众创业万众创新的浓厚氛围，打造经济发展新引擎。2017年7月，国务院出台《关于强化实施创新驱动发展战略进一步推进大众创业万众创新深入发展的意见》（国发〔2017〕37号），聚焦深入推进供给侧结构性改革，全面实施创新驱动发展战略，加快新旧动能接续转换，着力振兴实体经济，围绕进一步优化创新创业的生态环境，着力推动“放管服”改革，构建包容创新的审慎监管机制，有效促进政府职能转变；进一步拓展创新创业的覆盖广度，着力推动创新创业群体更加多元，发挥大企业、科研院所和高等院校的领军作用，有效促进各类市场主体融通发展；进一步提升创新创业的科技内涵，着力激发专业技术人才、高技能人才等的创造潜能，强化基础研究和应用技术研究的有机衔接，加速科技成果向现实生产力转化，有效促进创新创业蓬勃发展；进一步增强创新创业的发展实效，着力推进创新创业与实体经济发展深度融合，结合“互联网＋”“中国制造2025”等重大举措，有效促进新技术、新业态、新模式加快发展和产业结构优化升级，推进大众创业万众创新深入发展。

4.1.2 我国“双创”改革举措不断深化

2015年6月，为改革完善相关体制机制，构建普惠性政策扶持体系，推动资金链引导创业创新链、创业创新链支持产业链、产业链带动就业链，国务院出台《关于大力推进大众创业万众创新若干政策措施的意见》（国发〔2015〕32 号），推出了一揽子政策与改革举措。在创新体制机制方面，通过完善公平竞争市场环境、深化商事制度改革、加强创业知识产权保护、健全创业人才培养与流动机制等措施，为创业者提供更多机会。在优化财税政策扶持方面，通过加大财政资金支持和统筹力度、完善普惠性税收措施、发挥政府采购支持作用等措施，增强政策对小微企业发展的支持效果。在融资支持方面，优化资本市场，鼓励创业企业通过债券市场筹集资金；创新银行支持方式，鼓励银行业金融机构向创业企业提供结算、融资、理财、咨询等一站式系统化的金融服务；丰富创业融资新模式，支持互联网金融发展，支持保险资金参与创业创新，支持知识产权金融发展。在支持创业方面，建立和完善创业投资引导机制，引导创业投资更多向创业企业起步成长的前端延伸；拓宽创业投资资金供给渠道，引导社会资金支持大众创业；发展国有资本创业投资，充分发挥国有资本在创业创新中的作用；推动创业投资“引进来”与“走出去”，完善创业投资境外投资管理。在构建创业生态方面，加快发展创业孵化服务，大力发展第三方专业服务，加快发展“互联网＋”创业服务，研究探索创业券、创新券等公共服务新模式。在建设创业创新平台方面，加强创业创新信息资源整合，打造创业创新公共平台；完善国家重点实验室等国家级科研平台（基地）向社会开放机制，用好创业创新技术平台，鼓励企业建立一批专业化、市场化的技术转移平台；支持开展全面创新改革试验的省（区、市）、国家综合配套改革试验区等，发展创业创新区域平台。在激发创造活力方面，支持科研人员创业，支持大学生创业，支持境外人才来华创业。在拓展城乡创业渠道方面，支持电子商务向基层延伸，支持返乡创业集聚发展，加强城乡基层创业人员社保、住房、教育、医疗等公共服务体系建设，健全职业技能培训体系，引导和鼓励行业龙头企业、大型物流企业发挥优势，拓展乡村信息资源、物流仓储等技术和服务网络，完善基层创业支撑服务。

在推动“双创”过程中，有关地区和部门认真落实党中央、国务院决策部署，在深化科技体制改革、提升自主创新能力、优化创新创业环境等方面进行了大胆探索，形成了一批支持创新的相关改革举措。为进一步加大支持创新的力度，营造有利于大众创业万众创新的制度环境和公平竞争市场环境，为创新发展提供更加优质的服务，国务院分三批次批准可在全国或改革试验区域内推广的有关改革举措。2017年9月，国务院发布《关于推广支持创新相关改革举措的通知》（国办发〔2017〕80号），推广4个方面的改革举措。其中，科技金融创新方面3项：“以关联企业从产业链核心龙头企业获得的应收账款为质押的融资服务”“面向中小企业的一站式投融资信息服务”“贷款、保险、财政风险补偿捆绑的专利权质押融资服务”。创新创业政策环境方面5项：“专利快速审查、确权、维权一站式服务”“强化创新导向的国有企业考核与激励”“事业单位可采取年薪制、协议工资制、项目工资等灵活多样的分配形式引进紧缺或高层次人才”“事业单位编制省内统筹使用”“国税地税联合办税”。外籍人才引进方面2项：“鼓励引导优秀外国留学生在华就业创业，符合条件的外国留学生可直接申请工作许可和居留许可”“积极引进外籍高层次人才，简化来华工作手续办理流程，新增工作居留向永久居留转换的申请渠道”。2019年1月，国务院办公厅发布《关于推广第二批支持创新相关改革举措的通知》（国办发〔2018〕126号），推广了5个方面的改革举措。其中，知识产权保护方面5项：知识产权民事、刑事、行政案件“三合一”审判；省级行政区内专利等专业技术性较强的知识产权案件跨市（区）审理；以降低侵权损失为核心的专利保险机制；知识产权案件审判中引入技术调查官制度；基于“两表指导、审助分流”的知识产权案件快速审判机制。科技成果转化激励方面4项：以事前产权激励为核心的职务科技成果权属改革；技术经理人全程参与的科技成果转化服务模式；技术股与现金股结合激励的科技成果转化相关方利益捆绑机制；“定向研发、定向转化、定向服务”的订单式研发和成果转化机制。科技金融创新方面 5 项：区域性股权市场设置科技创新专板；基于“六专机制”的科技型企业全生命周期金融综合服务；推动政府股权基金投向种子期、初创期企业的容错机制；以协商估值、坏账分担为核心的中小企业商标质押贷款模式；创新创业团队回购地方政府产业投资基金所持股权的机制。管理体制创新方面 3 项：允许地方高校自主开展人才引进和职称评审；以授权为基础、市场化方式运营为核心的科研仪器设备开放共享机制；以地方立法形式建立推动改革创新的决策容错机制。

2020 年 2 月，国务院办公厅发布《关于推广第三批支持创新相关改革举措的通知》(国办发〔2020〕3 号)，推广了 5 个方面的改革举措。其中，科技金融创新方面 7 项：银行与专业投资机构建立市场化长期性合作机制支持科技创新型企业；科技创新券跨区域“通用通兑”政策协同机制；政银保联动授信担保提供科技型中小企业长期集合信贷机制；建立银行跟贷支持科技型中小企业的风险缓释资金池；建立基于大数据分析的“银行＋征信＋担保”的中小企业信用贷款新模式；建立以企业创新能力为核心指标的科技型中小企业融资评价体系；设立银行与企业风险共担的仪器设备信用贷。科技管理体制创新方面 6 项：集中科技骨干力量打造前沿技术产业链股份制联盟；对战略性科研项目实施滚动支持制度；以产业数据、专利数据为基础的新兴产业专利导航决策机制；老工业基地的国有企业创新创业增量型业务混合所有制改革；生物医药领域特殊物品出入境检验检疫“一站式”监管服务机制；地方深度参与国家基础研究和应用基础研究的投入机制。知识产权保护方面 2 项：建立跨区域的知识产权远程诉讼平台；建立提供全方位证据服务的知识产权公证服务平台。人才培养和激励方面 1 项：“五业联动”的职业教育发展新机制。

4.1.3　我国“双创”进入升级版新阶段

2018 年，国务院发布了《关于推动创新创业高质量发展打造

“双创”升级版的意见》，将创新创业提升到国家战略高度，标志着“双创”进入了一个新阶段。通过打造“双创”升级版，进一步优化创新创业环境，大幅降低创新创业成本，提升创业带动就业能力，增强科技创新引领作用，提升支撑平台服务能力，推动形成线上线下结合、产学研用协同、大中小企业融合的创新创业格局，为加快培育发展新动能、实现更充分就业和经济高质量发展提供坚实保障。在着力促进创新创业环境升级方面，要简政放权释放创新创业活力，放管结合营造公平市场环境，优化服务便利创新创业。在加快推动创新创业发展动力升级方面，要加大财税政策支持力度，完善创新创业产品和服务政府采购等政策措施，加快推进首台（套）重大技术装备示范应用，建立完善知识产权管理服务体系。在持续推进创业带动就业能力升级方面，鼓励和支持科研人员积极投身科技创业，强化大学生创新创业教育培训，健全农民工返乡创业服务体系，完善退役军人自主创业支持政策和服务体系，提升归国和外籍人才创新创业便利化水平，推动更多群体投身创新创业。在深入推动科技创新支撑能力升级方面，要增强创新型企业引领带动作用，推动高校科研院所创新创业深度融合，健全科技成果转化的体制机制。在大力促进创新创业平台服务升级方面，要提升孵化机构和众创空间服务水平，搭建大中小企业融通发展平台，深入推进工业互联网创新发展，完善“互联网＋”创新创业服务体系，打造创新创业重点展示品牌。在进一步完善创新创业金融服务方面，要引导金融机构有效服务创新创业融资需求，充分发挥创业投资支持创新创业作用，拓宽创新创业直接融资渠道，完善创新创业差异化金融支持政策。在加快构筑创新创业发展高地方面，打造具有全球影响力的科技创新策源地，培育创新创业集聚区，发挥“双创”示范基地引导示范作用，推进创新创业国际合作。

2019 年 12 月，国家发展和改革委员会同有关部门编撰了第四版《中国大众创业万众创新发展报告》，旨在系统反映全国推进大众创业万众创新开展的重要工作举措和取得的新进展、新成效，内容涵盖创新创业环境、创新创业服务、创业融资、创业就业、创新创业成效、创新创业理论与实践等。一是创新创业更加便利。全国深入推进“放管服”改革，进一步清理、取消、压减一批行政许可事项，普及推广“照后减证”，压缩企业开办时间，加强社会信用体系建设，完善相关行业监管机制，优化政务服务，创新创业生态更加优化。二是创业带动就业渠道更加多元。鼓励和支持科研人员开展科技创业，强化大学生创新创业教育培训，健全农民工返乡创业服务体系，完善退役军人自主创业支持政策，提供归国和外籍人才创业便捷服务，引导更多女性、港澳青年、台胞、侨胞参与创新创业，为不同群体创造价值、实现梦想和就业致富提供了更有效途径。三是创新创业科技基础更加坚实。在重点领域和关键环节新建一批产业创新支撑平台，加大对“专精特新”中小企业支持力度，深化以科技创新为核心的全面创新，健全科技资源开放共享机制，完善科技成果转化的体制机制，推动创新创业与实体经济加速融合。四是创新创业支撑平台效能更加强劲。大力支持“双创”示范基地开展先行先试，推动建立长三角、京津冀、西部等“双创”示范基地联盟，强化制造业创新创业平台建设，促进新技术开发和推广应用，不断推动众创空间向专业化、网络化、国际化发展，创新创业服务能力不断增强。五是全社会创新创业氛围更加浓厚。成功举办全国大众创业万众创新活动周，面向不同群体举办“互联网＋”大学生创新创业大赛、“中国创翼”创业创新大赛、中国创新创业大赛、“创青春”中国青年创新创业大赛等，进一步激发了全社会投身创新创业的热情。

4.2　创新能力与效果评价相关研究成果

4.2.1　创新评价的研究层面和构建方法

国外对创新能力和创新效果评价起步较早，积累了丰富的经验。这些创新能力的评价主要来自政府机构、大学、国防工业协会、咨询机构（智库）、国防报刊（杂志）的创新评价。创新评价开展的角度主要包括国家创新能力评价、以城市为主体的区域创新能力评价、企业创新能力、企业创新价值链、企业创新效果等。比较经典的研究体系包括从组织行为学的角度、从技术创新能力的角度、从技术创新的行为主体角度等几方面开展不同层面的创新评价研究。

在对创新评价模型的构建研究方面，主要包括基于要素观、过程方法、系统论等几种创新能力评价指标体系模型。要素观是指从创新实现过程中所需的支持要素的数量和质量角度评价创新能力的观点；过程方法是指从技术创新过程分析的角度出发，评价技术创新能力的观点；系统论综合了要素观和过程方法的观点，同时引入了系统的概念，把环境要素考虑在内，形成了比较全面的评价指标体系。

4.2.2 我国对创新创业活动的最新研究成果

（1）36氪与相关机构提出中国创新创业指数

由互联网创业生活服务平台36氪与中国经济研究院、中国科学院大学大数据挖掘与知识管理重点实验室、中关村科技园区管委会共同编制的用于评价一个地区创新创业能力的“双创”指数于2015年12月8日正式发布，该指数是展示整个社会的创新创业情况的综合型指数，反映了“双创”工作的健康发展程度。该指数的基础是全景的多层次、多来源的政务、经济、产业、企业数据及其多维度关联，是目前中国覆盖范围最广、统计城市最多的“双创”指数。

该指数对中国300余座城市创新创业现状予以动态指数评估，由舆情指数、资本指数、人才指数、市场健康度指数、活跃度指数等多项指标组合而成，并将定期发布。舆情指数根据各种新闻媒体对地区创新创业相关的报道曝光量计算；资本指数综合创业公司融资情况与地区投资基金概况得出，主要考察投资基金的数量、投资资金的规模、投融资的事件数以及投融资的总规模等；人才指数根据高新行业人才招聘需求与当地高学历人才比例计算，主要考察拥有高校数量、在校人数、高级人才数量，大专以上人才比例，平均受教育年龄，创业企业的人才招聘数量以及人员流动等；市场健康度指数综合创业企业相关产品的发展状况融合得出，主要考察优质企业增长率、各行业独角兽企业覆盖率、融资及退出成功率、不活跃企业比例以及专利转化率等；活跃度指数根据高新行业新增工商注册与新提交创业项目计算，并考察新增工商注册数量最高的企业类型、新企业成立的数量、新提交的专利数量、创业型企业的新闻数量以及税收新增量。在 2015 年发布的全国创新创业指数中，排名前十的城市依次为北京、上海、深圳、广州、杭州、成都、重庆、南京、厦门和长沙，且北京的“双创”指数明显高于上海和深圳等城市，显示北京的创新创业大环境要远远优秀于第二名的上海和第三名的深圳。这三个城市的“双创”指数都呈现上升趋势，说明这三个城市的“双创”环境稳定且逐步上升，非常适合创新创业型企业的建立和发展。

（2）成都相关机构共同发布成都“双创”指数

2016 年 6 月 24 日，在成都全球创新创业交易会新闻中心举办了“‘双创’指数和新经济指数”新闻发布会，会议上成都市发展和改革委员会、成都市科学技术局、国家信息中心等机构共同首次发布了成都“双创”指数，指数包含关注指标、科技指标、经济指标、环境指标和人才指标五个维度，能够量化评估成都的创新工作开展和创业成果，从而对成都的创新创业能力进行综合分析、比较和判断。“双创”指数选取了与“双创”工作关联度最大的五个影响因素，形成了五个一级指标及其下面的各个细分指标，可以全面地反映各个领域、各个行业、各个层级的创新、创业情况，并且可以分析变化原因和变化趋势。通过比较各因素变化情况，可以分析出各因素之间的关联。总体而言，“双创”指数就是依托海量数据资源整合能力、数据交易与创新平台优势和先进数据分析技术，建立一套以企业、用户、政府为一体的创新创业的科学评价体系，以反映全国各地区“大众创业万众创新”的运行状况和发展趋势，并形成对多行业、企业发展有参考价值的数据体系和调查报告。“双创”指数可为创业者找到合适的地点落地创业，为投资人找到合理的投资区域，以及为政府创新创业决策提供可资参考的现实依据。

（3）中国科学技术协会构建“双创”指数体系

2015年7月，中国科学技术协会接受国务院委托，对“大众创业万众创新”政策的落实情况进行第三方评估。评估的目的是衡量“双创”对于推动经济发展所起到的积极作用。为了更加直观且有效地反映出这种积极作用的程度，中国科学技术协会成立了由500余位科技专家组成的调研组，分赴20个省、市、区开展调研，并在2015年“双创”第三方评估的基础上开展了“双创”指数的研究。中国科学技术协会通过启动504个调查站点，依靠22个省、市、区科学技术协会及中国农村专业技术协会等科技专业组织，收集大量可靠的实际资料，通过互联网、大数据等现代专业技术手段，对收集的情况进行科学分析和研判，最终形成了20个省、市、区推进“双创”政策措施落实情况的调研报告，以及“双创”活跃程度评估、科技工作者创新创业情况问卷调查、大学生创业情况问卷调查等三大数据分析报告。在这些调研分析及各种报告的基础上，最终形成了关于“推进大众创业万众创新政策措施落实情况”第三方评估的总报告。该报告在2015年“双创”第三方评估研究的基础上，将“双创”指数体系的构成划分为4大部分。划分这4大部分的主要依据是“双创”的效应、“双创”的影响力和建立“双创”平台。“双创”的效应是指，“双创”对经济增长的促进作用；“双创”的影响力是指，全社会对“双创”的参与度和响应度；“双创”平台是指，开展“双创”最主要的依托——互联网。基于这种划分理念，将“双创”指数分为4个一级指标，即经济活力指数、大众信心指数、环境热度指数、“互联网＋”指数。经济活力一级指标反映的是“双创”方面实体经济的进展情况。其他几个一级指标——大众信心指标、环境热度指标和互联网＋指标，反映的是“双创”自身的变化情况。

就目前国内外研究成果来看，总的来说国内外创新指数分析还存在一些不足，分别体现在 3 个方面。第一，传统指数往往是通过间接统计数据反映创业和创新能力，缺少对创业企业的微观分析，数据不够直接准确；第二，受限于数据能力，传统指数往往采用调查问卷的形式来获取数据，分析结果偏主观片面；第三，传统指数更新的周期为半年或一年，面对瞬息万变的创业环境，过于滞后。

4.3　央企“双创”评价指标体系构建研究

4.3.1　构建原则

指标体系的构建通常要遵循科学性原则、系统性原则、独立性原则、可比性原则和可操作性原则，这是指标体系构建的基本原则，央企“双创”评价指标体系的建立首先应符合上述基本原则，在此基础上，考虑到央企“双创”活动开展的现实情况和主要特点，还应当进一步遵循科学性与可行性相结合原则、全面性与重点性相结合原则以及指标体系规模适宜原则。

(1) 科学性与可行性相结合原则

各项指标的概念要科学、确切，有精确的内涵和外延；指标体系要尽可能全面、合理地反映央企的客观实际情况及本质特征，指标体系的科学性是确保评价结果准确合理的基础，建立指标体系既要考虑可行性，又要确保所选取的指标科学地反映双创主体工作开展的综合情况，并能够通过统一测算和量化的办法实现。指标体系的可行性是指所建立的指标体系的数据必须有现实可达到的收集渠道，所构造的评价指标应易于数据的采集和应用，具有可操作性、统一性和可比性。

(2) 全面性与重点性相结合原则

对“双创”主体工作开展的情况进行评价要尽可能完整和全面，要能够系统地反映“双创”主体的全貌。因此，需要从研究“双创”主体开展工作的总目标出发进行要素分解，并逐层建立完整的评价指标体系。同时，需要抓住重点、突出重点、有所侧重，把反映“双创”主体工作开展情况的要素着重表现出来。

（3）指标体系规模适宜原则

所建立的指标体系规模要适当：指标太少，虽然能够减少评价的工作量，但是难以综合反映评价对象的特征；指标太多，虽有利于把握评价对象的特征，但是会加大不必要的评价工作量。一般评价结果的计算都是采用加性合成规则时，指标间的互补性会掩盖评价对象之间的差异性。

4.3.2 构建思路

4.3.2.1 明确“双创”主体评价的目的和整体过程

对“双创”主体的创新活跃程度进行评价，是根据一定的创新目标和标准，通过系统的搜集信息和定性定量分析，对“双创”主体进行创新创业活动所带来的直接和间接的经济效益，以及对企业自身竞争能力和创新能力的提高程度做出评价判断的过程。客观、科学、有效地评价“双创”主体创新创业的效果，对于进一步总结创新经验，加强创新管理，完善创新机制，采取合理的创新战略，增加创新投入，保持和提高竞争优势具有极为重要的意义。

建立“双创”指数评价指标体系应以企业创新系统理论为指导思想，对指标体系具体内容的设计应基于对企业创新系统理论的如下认识：

第一，开展双创活动的主体具有自主决策、自主投入、自主开发以及自我发展的动力和能力，在产品、工艺、市场、组织和管理等方面需要进行持续创新，形成“创新投入—创新产出—再创新投入—再创新产出”这样一种持续不断的创新的状态（图 4-1）。

第二，主体进行双创活动是按照市场需求将创新成果应用于生产并首次获得商业价值的动态过程，属于技术—经济范畴，是技术发明与创造成果扩散之间的中介、桥梁，能够产生经济效益是双创活动成功的关键。所以，评价指标体系中应当有直接经济效益提高

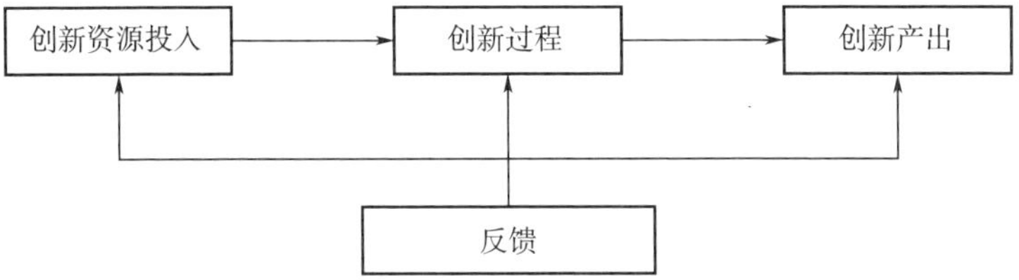

图4-1　创新投入产出示意图

指标。

第三，“双创”主体体现出来的创新能力及活跃程度不仅表现为直接经济效益的提高，还体现在间接经济效益的提高或企业竞争能力的提高。对于某些“双创”活动的结果可能更多地表现为间接经济效益的提高或企业竞争能力的提高。这些间接经济效益的提高主要包括市场销售能力的提高、产品制造能力的提高以及生产管理水平的提高等。

第四，企业进行“双创”活动的过程，应该是一个自我创新能力提升的过程，所以，“双创”主体的活力评价指数还应反映企业自身创造能力的提高程度，具体包括研究开发能力的提高、创新管理能力的提高等方面。

4.3.2.2　指标体系构建的方法

拟采用系统观的方法来构建央企“双创”评价指标体系。系统观的基本思想是将企业创新视为一个系统的过程，即以企业创新系统理论为基础来构建指标体系的整体框架。由理论研究可知，企业创新系统本身不仅包含着一定的流程，而且受系统各要素的影响和制约，只有尽量把系统各要素考虑在内，才能构建合理的指标体系。考虑到央企开展“双创”活动的实际情况，应用系统观构建指标体系较为适合。

4.3.2.3　指标体系构建应考虑的具体问题

“双创”虽然从表面上看是要发挥科技人员在创业创新方面的主

观能动作用，但实际上其背后蕴含着创新创业体制机制的结构性改革与创新，要求通过建设运行流畅的国家和企业创新系统来实现对创新活动全方位的支持。

在确定具体指标过程中需要考虑以下几个重点问题：第一，国家政策对央企开展“双创”活动有哪些具体要求；第二，央企对开展创新活动的这些企业或机构载体有哪些具体要求；第三，央企开展“双创”活动的关键要素是什么；第四，具体指标需能够向央企外部推广与应用。

4.3.2.4 “双创”评价指标体系应具备的功能

“双创”评价指标体系应选取与“双创”主体关联度最大的影响因素，应能够全面反映各个业务、各个层级的创新创业情况，并且能够分析变化原因和变化趋势。通过比较各因素变化情况，进而分析出各因素之间的关系。综合评价“双创”主体的总体水平、优势和不足，为未来发展找准方向，为制定科学政策提供参考依据。量化分析“双创”主体的创新基础、投入、转化、经济效益等有关指标，使其成为科学合理、可操作性强的统计网络体系，方便决策者把握全局，从而对“双创”主体创新活动各环节的内在联系和外在影响因素进行全面掌控。

指标体系应具备如下功能：

（1）描述功能

描述功能是指量化评估“双创”主体创新工作开展和创业成果，对“双创”主体的创新创业能力进行综合分析、比较和判断，指标应能反映“双创”主体的现状和变化趋势。

（2）评价功能

评价功能需要选择适当的指标测量各个要素间的协调性，从而在整体上对“双创”主体发展状况做出评价。

（3）监测功能

监测功能是指能够对“双创”主体的各方面状况进行监测，为决策和政策的制定提供科学依据。

（4）预警功能

预警功能是指对某些“双创”主体的指标进行跟踪，发现异常及时报送决策主体。

4.3.3　指标体系的主要内容

根据以上研究基础，拟从以下几个方面构建央企“双创”评价指标体系：企业创新系统的主体部分考虑以“双创”主体投入为主要研究对象，企业创新系统的客体细化为“双创”主体的创新产出，企业创新过程支撑子系统。只考虑“双创”主体内部动力部分，企业创新环境也只考虑“双创”主体内部与“双创”活动相关的环境因素。具体内容见表 4－1。

表 4－1　央企“双创”评价指标体系

一级指标	二级指标	指标涵义
“双创”主体投入 X1	参与的科技人员数量 X11	主体内部参与“双创”活动的人员总数
	参与人员占比 X12	参与“双创”活动占主体内部员工百分比
	内部“双创”团队数量 X13	内部各种类型“双创”团队总数
	参与的外部机构数量 X14	包括政府部门、科研机构、中介机构、高等院校、金融机构等
	“双创”活动研发经费投入 X15	“双创”活动中投入的研发经费/该主体的主营业务收入×100%
“双创”产出 X2	内部“双创”项目的成功率 X21	
	新产品研发数量 X22	
	新产品收入占比 X23	
	研发成果转化率 X24	
	人均发明专利年申请量 X25	

续表

一级指标	二级指标	指标涵义
“双创”活动内部动力X3	企业家精神X31	“双创”主体内部企业家精神及内部企业家的创业意愿及整体创业氛围、“双创”特色活动开展的参与度
	员工关注度X32	创业关注度、创新关注度及相关政策关注度
	创新利益分配机制X33	利益共享与激励机制的合理性
	创新结构X34	是否形成涵盖大小企业、以大带小、相互促进的“双创”主体结构
	与“双创”相关的资源能力X35	线下载体(包括专业化科创中心、各类孵化器、产学研平台等)的数量、线上支撑平台(包括市场资源、技术资源、投融资渠道等的线上支撑平台)的数量
“双创”环境X4	“双创”活动管理体系X41	企业制度创新的有效性、“双创”项目培育流程的合理性、创新组织管理的先进性
	人才支撑体系X42	人才支撑体系的完善性
	成果转化环境X43	“双创”成果转化与产业化通道的通畅性
	政策举措X44	各种扶持政策的全面性及“双创”政策传导载体的有效性
	投融资环境X45	是否引进社会资本及社会资本的活跃程度

4.3.4 指标体系及其权重的确定

拟应用德尔菲法确定央企“双创”评价指标体系具体指标及其权重，需要发放调查问卷进行专家咨询，并对每次专家反馈的结果进行计算。问卷对指标体系的具体内容、本次调查的目的和任务、德尔菲法的特点、调查表填写说明等进行了介绍。问卷设计采用李克特五等级量表模式，专家要对每一个指标的相对重要性进行评价，按照“不重要、不太重要、一般、比较重要、非常重要”五个等级，分别赋值为 1、2、3、4、5。

4.3.4.1　德尔菲法原理

德尔菲法的主要评价函数包括专家积极系数、专家权威程度、满分频率、重要性均值以及变异系数，本次评价过程的专家积极系数和专家权威程度均满足要求，这里不再详述，只对满分频率、重要性均值和变异系数进行重点论述。

（1）满分频率

满分频率就是对影响因素 i 给出满分的专家数 m_i' 与对影响因素 i 做出评价的专家总数 m_i 之比。计算公式为 $k_i'=m_i'/m_i$ 。

（2）重要性均值

重要性均值越大，影响因素的相对重要性就越高。重要性均值体现了专家评分的集中程度。计算公式为

$$C_i=\frac{1}{m}\sum_{j=1}^{m}C_{ij}$$

式中，C_i 为影响因素 i 的重要性均值；C_{ij} 为专家 j 对影响因素 i 的评分值；m 为参加评分的全部专家人数。

（3）变异系数

变异系数 v_i 是评价波动大小的重要指标。它表明专家们对影响因素相对重要性认识上的差异程度。变异系数越小，专家们的协调程度越高。计算公式为

$$V_i=\frac{S_i}{C_i}$$

式中，C_i 为影响因素 i 的重要性均值；S_i 为影响因素 i 得分的标准差，即

$$S_i=\sqrt{\frac{1}{m_i-1}\sum_{j=1}^{m_i}\left(C_{ij}-C_i\right)^2}$$

根据每一轮评价函数的计算结果，确定进入下一轮调查的指标体系的具体内容。当所有函数都符合规定时，此轮调查问卷中的指

标体系为最终确定的指标体系，并根据 Saaty 氏提出的乘积法计算各指标的组合权重。公式为

$$W_i = \prod_{t=1}^{t} \omega_i$$

式中，W_i 为组合权重；t 为指标的层数；ω_i 为分层指标权重系数。

4.3.4.2 指标体系的确定

共选择 10 名专家进行打分，根据第一轮德尔菲法评价函数的计算结果，删除指标“员工关注度 X32”，一级指标 X3 对应的二级指标见表 4－2。

表 4－2 一级指标 X3 对应的二级指标最终结果

“双创”活动内部动力 X3	企业家精神 X31	“双创”主体内部企业家的创业意愿及整体创业氛围、“双创”特色活动开展的参与度
	创新利益分配机制 X32	利益共享与激励机制的合理性
	创新结构 X33	是否形成涵盖大小企业、以大带小、相互促进的“双创”主体结构
	与“双创”相关的资源能力 X34	线下载体（包括专业化科创中心、各类孵化器、产学研平台等）的数量、线上支撑平台（包括市场资源、技术资源、投融资渠道等）的数量

指标体系最终确定为 4 个一级指标、19 个二级指标。

4.3.4.3 指标体系权重的确定

将“双创”主体按照生产类企业、“生产＋平台”类企业、平台类企业以及服务类企业进行分类，请专家分别将一级指标按照四类企业分别给予重要性赋值，从而得到不同类型企业对应一级指标的权重。二级指标的相对权重对所有企业类型是适用的，由于一级指标的权重已经根据企业类型有所区分，因此与不同类型的企业对应的二级指标的权重也是不同的。表 4－3 给出了不同类型企业的一级指标专家评分主要函数一览表。

表 4-3　一级指标专家评分主要函数一览表

企业类型	指标内容	重要性均值	指标权重	满分频率	标准差	变异系数
生产类	“双创”主体投入 X1	5	0.294	1	0	0
	“双创”产出 X2	4.7	0.276	0.7	0.483	0.103
	“双创”活动内部动力 X3	3.8	0.224	0.1	0.632	0.166
	“双创”环境 X4	3.5	0.206	0	0.483	0.131
生产＋平台类	“双创”主体投入 X1	4.1	0.234	0.7	0.876	0.214
	“双创”产出 X2	4.5	0.257	0.6	0.707	0.157
	“双创”活动内部动力 X3	4.9	0.28	0.9	0.316	0.065
	“双创”环境 X4	4	0.229	0.2	0.667	0.167
平台类	“双创”主体投入 X1	3.7	0.220	0	0.483	0.131
	“双创”产出 X2	4.2	0.25	0.2	0.422	0.100
	“双创”活动内部动力 X3	4.9	0.292	0.9	0.316	0.065
	“双创”环境 X4	4	0.238	0.3	0.816	0.204
服务类	“双创”主体投入 X1	5	0.296	1	0	0
	“双创”产出 X2	3.3	0.195	0	0.483	0.146
	“双创”活动内部动力 X3	4	0.237	0.3	0.816	0.204
	“双创”环境 X4	4.6	0.272	1	0.516	0.112

以生产类企业为例，列出二级指标专家评分主要函数一览表，见表 4-4。

表 4-4　二级指标专家评分主要函数一览表

指标内容	重要性均值	指标权重	满分频率	标准差	变异系数
参与的科技人员数量 X11	3.7	0.048	0	0.483	0.131
参与人员占比 X12	4.5	0.059	0.5	0.527	0.117
内部“双创”团队数量 X13	4.6	0.060	0.6	0.516	0.112
参与的外部机构数量 X14	4.7	0.062	0.7	0.483	0.103
“双创”活动研发经费投入 X15	5	0.065	1	0	0
内部“双创”项目的成功率 X21	3.8	0.049	0	0.632	0.166
新产品研发数量 X22	4.6	0.059	0.6	0.516	0.112

续表

指标内容	重要性均值	指标权重	满分频率	标准差	变异系数
新产品收入占比 X23	3.4	0.043	0	0.516	0.112
研发成果转化率 X24	4.8	0.062	0.8	0.422	0.088
人均发明专利年申请量 X25	4.9	0.063	0.9	0.316	0.065
企业家精神 X31	4.1	0.052	0.2	0.568	0.138
创新利益分配机制 X32	4.9	0.062	0.9	0.316	0.065
创新结构 X33	3.7	0.047	0	0.483	0.131
与“双创”相关的资源能力 X34	4.9	0.063	0.9	0.316	0.065
“双创”活动管理体系 X41	4.2	0.038	0.2	0.422	0.100
人才支撑体系 X42	4.9	0.045	0.9	0.316	0.065
成果转化环境 X43	4.9	0.044	0.9	0.316	0.065
政策举措 X44	3.9	0.035	0.2	0.738	0.189
投融资环境 X45	4.8	0.044	0.8	0.422	0.088

将“双创”主体的满分视为1 000分，根据表4－3和表4－4中生产类企业所有一级指标和二级指标的权重，得到所有指标分配的分值，见表4－5。

表4－5 生产类企业一级指标和二级指标的分值

一级指标	分值	二级指标	分值
“双创”主体投入 X1	294	参与的科技人员数量 X11	48
		参与人员占比 X12	59
		内部“双创”团队数量 X13	60
		参与的外部机构数量 X14	62
		“双创”活动研发经费投入 X15	65
“双创”产出 X2	276	内部“双创”项目的成功率 X21	49
		新产品研发数量 X22	59
		新产品收入占比 X23	43
		研发成果转化率 X24	62
		人均发明专利年申请量 X25	63

续表

一级指标	分值	二级指标	分值
“双创”活动内部动力 X3	224	企业家精神 X31	52
		创新利益分配机制 X32	62
		创新结构 X33	47
		与“双创”相关的资源能力 X34	63
“双创”环境 X4	206	“双创”活动管理体系 X41	38
		人才支撑体系 X42	45
		成果转化环境 X43	44
		政策举措 X44	35
		投融资环境 X45	44

当需要对某个“双创”主体进行评分时，由专家根据该主体的实际情况对二级指标的每一项进行打分，然后计算总分，可以得到被评价主体的“双创”活动开展情况的评分。将总分在 600 分以上，且每一项指标均不低于该项总分的 60%规定为最低标准。将得分在 850 分（含 850 分）的“双创”主体开展“双创”活动的积极程度定义为十分活跃级，将得分在 700～850 分之间（含 700 分）的“双创”主体开展“双创”活动的积极程度定义为较活跃级，将得分在 600～700 分之间（含 600 分）的“双创”主体开展“双创”活动的积极程度定义为一般活跃级。另外，还可以将不同主体的一级指标得分进行对比，根据一级指标下属的二级指标分数的差异进一步分析两个主体在某一方面产生差异的具体原因，从而对该主体下一步“双创”工作开展的重点给出建议。

第 2 篇　3M 公司创新创业实践

第 5 章　从百强创新企业谈起

5.1　以创新之王的美誉连年入选全球百强创新机构榜

作为全球领先的多元化科技创新企业，3M 公司一直被尊为全球最具创新精神的企业，并被冠以“创新之王”的美誉。2020 年 2 月 19 日，全球领先的专业信息服务提供商科睿唯安（原汤森路透集团旗下的知识产权与科技事业部）发布《德温特 2020 年度全球百强创新机构》报告。报告对 3M 公司的持续创新能力和以科技为本理念给予高度评价，3M 公司也再次入选全球百强创新企业，这是 3M 公司连续第 9 年入选，证明了其“运用科技帮助客户应对挑战，并致力于改善人们的生活”的卓越理念的实践。3M 公司的创新优势体现于四个重要指标：“专利总量”“专利申请获准成功率”“全球化程度”及“专利影响力”。3M 公司在“全球化程度”这一指标方面得分最高。

5.2　创新成就源于美国创新政策环境这一沃土

3M 公司在创新领域所取得的卓越成就离不开美国的创新“沃土”。创新“沃土”就是创新所需的环境和平台，例如创新的文化环境和资源可得性。创新文化环境主要体现在创新主体价值取向和创新意愿、消费者的消费意愿和需求，以及社会的创新氛围。建立开放包容、锐意进取、大胆创业和敢冒风险的创新文化美国是推动创新知识产生、传播和应用的助推器和催化剂。美国非常重视创新政策环境建设，从国家创新战略引领、强化创新组织协同、注重从创新文化培育等方面来推动科技创新。

2015年10月，美国国家经济委员会和科技政策办公室联合发布了新版《美国国家创新战略》（以下简称《战略》）。新版《战略》由六大部分组成，包括三大创新要素和三项战略举措，政府将通过三项战略举措扩建这些创新要素。三大创新要素分别涉及创新基石、私营部门和创新者；而三大战略举措指的是创造高质量就业岗位和保持经济持续增长，推动国家优先领域突破，建设创新型政府。新版《战略》中多次提到构建美国创新生态系统这一核心概念，把创新生态系统看作是实现全民创新和提升国家竞争力的关键所在。

公共和私营研究机构、企业、风投资本、专业配套服务，以经济利益为基础紧密协同，为美国创新生态系统提供一条独特的价值链。高校、研究机构和创新型企业是创新活动的发起者，风投资本则是“催化剂”。特斯拉、谷歌等著名企业，在发展初期都得到了风险投资家的青睐，经过多轮融资发展成为国际大公司。拥有核心技术、创新能力、先进服务模式的创新型企业专事技术和产品研发，规模大、制造能力强的外包企业主要从事产品加工生产，中小企业则主要向外包企业提供零部件和服务，其他如物流等生产性服务也由各种专业化公司承担，由此形成完整高效、分工细化、互利共赢的产业链和协作体系。

美国文化鼓励个人创造、承担风险和宽容失败等，这些因素有利于激励科学技术中的创新。不论是支持颠覆性创新的国防高级研究计划局（DARPA），还是孕育创新型企业发展的硅谷，都体现了创新文化对科学技术突破性发展的重要意义。美国各层次管理人员把宽容失败作为管理工作中的基本理念，只要失败的原因不是由于主观不努力造成的。尽管项目失败了，对该项目的资助也是成功的，也是对科学的贡献。这种理念极大地保护了科学家的积极性，为他们不断探索、不断创新，营造了广阔的空间。

此外，美国还不断更新创新发展模式。近年来，美国的创新发展模式呈现多元化、多样性趋势，涌现出大企业孵化、创新中心培育等多种新模式，进一步促进了创新成果的转化。

第 6 章　3M 公司——工业领域的百货公司

一直以来，3M 口罩都以其科技含量高、防护效果好、配戴舒适、设计感强、种类繁多等优势，占据我国口罩市场九成的份额。2020 年年初，新型冠状病毒肺炎（COVID－19）疫情席卷全球。受疫情影响，口罩脱销，一罩难求，这使 3M 口罩走上了历史舞台，再次在世界范围内打响了知名度。本章将详细介绍 3M 公司的发展历程、现状及业务情况。

6.1　公司发展历程

3M 公司创建于 1902 年，总部位于美国明尼苏达州的圣保罗市。作为一家世界知名的多元化科技创新企业，3M 公司的产品和技术早已深深地融入人们的生活。100 多年以来，3M 公司开发了近 7 万种产品，覆盖了从家庭用品到医疗产品，从运输、建筑到商业、教育和电子、通信等各个领域。

1902 年，3M 公司在苏必利尔湖畔的小城——明尼苏达州的图哈伯斯创立。因公司名称三个词语均以 M 开头，故简称 3M 公司。创始人是五位来自明尼苏达州北部的生意人，公司成立的最初目的是开采用于砂轮磨料的矿产，但由于矿床资源贫瘠，不久便搬迁至附近的德卢斯，专门从事砂纸产品的制造。虽然遇到挫折，但其创新与协作精神形成与延续了下来，并成为公司后续发展的坚实基础。

经过多年的奋斗，3M 公司终于生产出了高质量的产品，并建立起了供应链，吸引了新的投资者，并在 1910 年将公司总部搬迁至圣保罗。3M 公司员工在技术与市场领域不断创新，为公司带来一次又一次的成功。1916 年，3M 公司首次实现分红。当前，3M 公司 1/3

的销售额源自近 5 年开发的新产品。3M 公司在全球范围内拥有数以千计的研究人员和科学家，在 36 个国家拥有实验室，在美国 29 个州运营，在全球 70 个国家经营业务，产品销售至全球 200 多个国家。

3M 公司的发展历程如下：

1902 年，3M 公司成立。

1907 年，3M 公司创新与协作文化的奠基人威廉·麦克奈特加入 3M 公司，并在 1929 年成为公司总裁，1949 年成为董事会主席。

1910 年，重要投资者卢修斯·奥德卫加盟 3M 并将公司总部迁移至圣保罗，直至今日。

20 世纪 20 年代早期，3M 公司成功开发出世界上第一张防水砂纸，可降低汽车制造过程中空气的粉尘污染。

1925 年，3M 公司迎来第二个重大里程碑，实验室助理理查德发明了遮蔽胶带，这是 Scotch® 压敏胶带系列产品中的首款产品。公司向多元化发展迈出了坚实一步。

随后几年，随着技术进步，3M 公司又推出了用于纸盒封口的 Scotch® 玻璃纸胶带，很快人们就发现了其数百种用途。

20 世纪 40 年代初，3M 公司开始为第二次世界大战生产国防材料，因而开发出了更多新产品，如用于高速公路标识的 Scotchlite™ 反光膜、纤维胶带等，3M 公司从此时开始研制胶印版并进入平面设计领域。

1948 年，3M 公司推出“15%规则”，允许员工利用 15%的工作时间搞个人感兴趣的创意。

20 世纪 50 年代，3M 公司相继推出 Thermo - Fax™ 复制工艺、Scotchgard™ 织物防护材料、录像带、Scotch - Brite™ 清洁垫以及若干种机电新产品。

20 世纪 60 年代，3M 公司推出干银式胶卷以及照相产品、无碳纸、投影系统等，同时医疗健康护理业务和牙科产品业务迅猛增长。

20 世纪七八十年代，3M 公司制药、放射学和能源控制等业务进一步拓展。

1975年，3M公司设立污染预防奖励计划，以激励员工为公司可持续发展献计献策。截至目前，该计划共节约资金约17亿美元。

20世纪80年代，3M公司推出Post-it®报事贴，从而开辟出一个全新的市场门类，大大方便了人们的沟通和办公活动。

2004年，3M公司年度销售额首次突破200亿美元，创新产品包括Post-it®超黏报事贴、Scotch®透明管道胶带、用于LCD电视机的光学薄膜和新的Scotch-Brite®清洁产品。

2007年，Scotch-Brite™品牌推出了首款内置漂白剂的一次性卫生间清洗刷，旨在改善家居环境的其他创新产品也相继推出，如用于角落和铰链的Scotch-Blue™油漆工遮蔽胶带和用于去除家具宠物毛发的Scotch™ Fur Fighter™手握毛发吸附清洁器等。

2008年，3M公司的科学家们开发出突破性的超紧凑LED照明投射引擎，可与个人电子设备集成，包括3M™ Micro Professional Mpro 110投影仪。同年，正当流感等潜在的公共卫生紧急状况引起全球重视之时，3M口罩成为第一批获得美国食品和药品管理局批准可被公众使用的产品。

2009年，3M公司的医疗保健业务部推出了3M™ Littmann® 3200型电子听诊器，这种听诊设备能够运用蓝牙技术向软件无线传输心肺和其他身体器官的声音以供进一步分析。当年，3M创新的足迹不仅涉足医疗保健行业的远程医疗领域，而且在研磨产业中也推出了3M™ Cubitron™ Ⅱ纤维磨轮和金属加工带。该产品采用专利的陶瓷研磨颗粒技术，将磨料的使用寿命延长了3倍多。

2010年，3M公司连续六年赢得能源之星奖。

2011年，3M公司联手国际商业机器公司（IBM）共同开发出一种新的粘接材料。该材料可以帮助芯片塔密集叠放，进而实现半导体的3D封装。

2012年，3M公司可再生能源部与Gossamer Space Frames公司联合推出全世界最大的槽形太阳能阵列，该产品使用了3M™ Solar

Mirror Film 1100 太阳能镜膜。

2013 年，3M 公司年度销售额突破 300 亿美元。

2014 年，3M 公司科学家和研究人员获得第 10 万个专利权。

2015 年，3M 公司连续 16 年名列“道琼斯可持续发展指数榜”。

2016 年，3M 公司花费 1.5 亿美元在明尼苏达州建造了一个现代化的研究与开发实验室。

2018 年，3M 公司连续 19 年入选“道琼斯可持续发展指数榜”。

2019 年 7 月，《财富》杂志发布“世界 500 强排行榜”，3M 公司位列第 380 位。

2019 年 10 月，在 Interbrand 发布的全球品牌百强榜中，3M 公司位列第 64 位。

2019 年 10 月 22 日，“2019 全球新能源企业 500 强榜单”发布，3M 公司位列第 78 位。

2020 年 1 月，《财富》杂志发布“2020 年全球最受赞赏公司排行榜”，3M 公司位列第 29 位。

2020 年 1 月，“2020 年全球最具价值品牌 500 强排行榜”发布，3M 公司位列第 210 位。

6.2　发展现状

2019 年，3M 公司全球净销售额为 321.36 亿美元，同比下滑 1.92%。其中海外销售额为 189.77 亿美元（占比 59.1%）；归属于母公司股东的净利润 45.7 亿美元，同比下降 14.56%；每股摊薄收益 7.81 美元，每股现金分红 5.76 美元；年度研发投入 19.11 亿美元，占销售额比重为 5.9%；拥有全球雇员 96 163 人，其中美国员工39 662 人；在全球申请专利 158 366 项，其中有效专利 48 236 项。

2015—2019 年 3M 公司销售收入情况如图 6 - 1 所示，3M 公司财务数据见表 6 - 1。

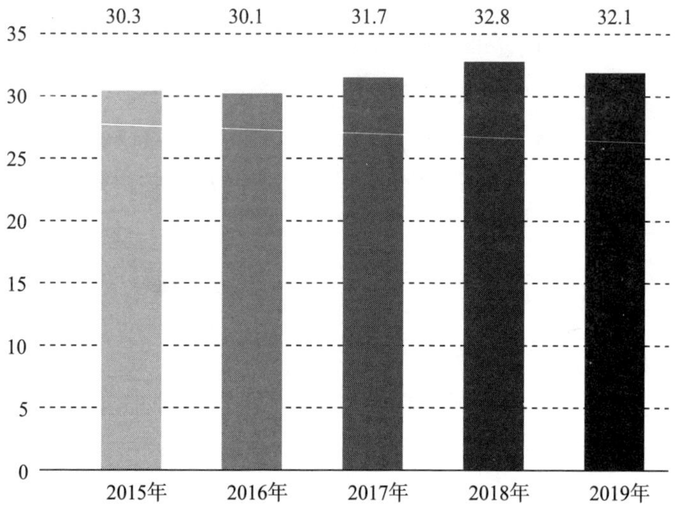

图 6－1　2015—2019 年 3M 公司销售收入情况（单位：十亿美元）

表 6－1　3M 公司财务数据

	2019 年	2018 年	2017 年	2016 年	2015 年
运营成效					
净销售额/百万美元	32 136	32 765	31 657	30 109	30 274
营业收入/百万美元	6 174	7 207	7 692	7 027	6 980
归属 3M 公司的净收益/百万美元	4 570	5 349	4 858	5 050	4 833
每股基本收益/美元	7.92	9.09	8.13	8.35	7.72
每股摊薄收益/美元	7.81	8.89	7.93	8.16	7.58
财务比率(占销售额的百分比/%)					
销售成本	53.4	50.9	50.8	50.2	50.7
销售、一般及管理支出(扣除销售收益)	21.5	21.5	19.0	20.6	20.4
研究、开发及相关支出	5.9	5.6	5.9	5.9	5.8
营业收入	19.2	22.0	24.3	23.3	23.1
归属 3M 公司的净收益	14.2	16.3	15.3	16.8	16.0

续表

	2019 年	2018 年	2017 年	2016 年	2015 年
额外信息					
支付现金股利/美元	3 316	3 193	2 803	2 678	2 561
每股现金股利/美元	5.76	5.44	4.70	4.44	4.10
年末股价/美元	176.42	190.54	235.37	178.57	150.64
总资产/美元	44 659	36 500	37 987	32 906	32 883
长期负债(除去当前部分)/美元	17 518	13 411	12 096	10 678	8 753
资本支出/美元	1 699	1 577	1 373	1 420	1 461
折旧与摊销/美元	1 593	1 488	1 544	1 474	1 435
研究、开发及相关支出/百万美元	1 911	1 821	1 870	1 764	1 757
年末雇员数量	96 163	93 516	91 536	91 584	89 446
平均基本股数/百万美元	577.0	588.5	597.5	604.7	625.6
平均摊薄股数/百万美元	585.1	602.0	612.7	618.7	637.2

6.3　业务领域

3M 公司拥有四个主要业务部门，分别是安全和工业、运输和电子、医疗、消费品，各业务 2019 年销售额分别为 116.07 亿美元、96.02 亿美元、74.31 亿美元、50.89 亿美元（图 6－2）。3M 公司在美国 29 个州共拥有 71 家制造厂。在海外，3M 公司在 35 个国家共拥有 100 家制造工厂。

6.3.1　安全和工业业务部门

安全和工业业务部门包括服务于全球工业、电气和安全市场的业务。

该部门的工业产品包括胶带、各种涂层、无纺布和黏合磨料、黏合剂、密封剂、特殊材料、个人卫生产品的封闭系统和声学系统产品。3M 也是全球领先的精密研磨技术供应商，为客户提供工业、汽车、飞机和刀具等领域针对难以研磨产品进行加工的精密应用。

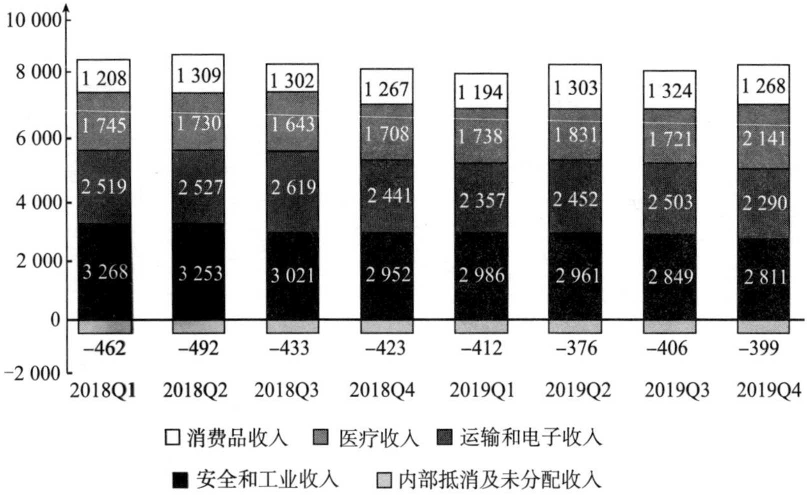

图 6-2 3M 公司 2018Q1—2019Q4 销售额及变化（单位：百万美元）

3M 公司具体产品包括乙烯基、聚酯、箔和特种工业胶带及黏合剂；Scotch®遮蔽胶带、Scotch®长丝胶带和 Scotch®包装胶带；包装设备；3M™ VHB™胶粘带；导电、高/低表面能、密封、热熔、喷涂和结构黏合剂；可再封闭紧固件；耐用品标签材料；工业市场用涂层、非织造和微结构表面精整和研磨磨料。2018 年第一季度，3M 公司剥离了聚合物添加剂复合业务，2018 年 5 月剥离了磨料玻璃产品业务。

该部门的电气业务包括基础设施保护和可再生能源解决方案。这一部分业务服务于世界电力市场，包括电力公用事业、电力建设、维护和维修、原始设备制造商（OEM）、外部工厂和企业，以及航空航天、军事、汽车和医疗市场，提供能够有效传输电力的产品。这一领域的产品包括压敏胶带和树脂、电绝缘以及 3M™铝导体复合增强（ACCR）电力电缆，可增加现有电力线路的传输容量。这部分业务还包括太阳能和风力发电行业的可再生能源组件解决方案，以及为市政当局提供电气、石油、天然气、水、钢筋和其他基础设施资产保护和检测的解决方案。2018 年 6 月，3M 公司出售了通信市场部门，剩余的电信系统服务部分位于德国，于 2018 年 12 月售出。

3M 公司细分市场中的安全产品包括个人防护产品，如某些一次性和可重复使用的呼吸器、防坠落设备、个人防护设备、头部和面部防护、身体防护、听力防护和防护眼镜，以及为了提高低光环境下的能见度而广泛用于服装、鞋类和配件上的反光材料。其他细分产品包括天然和彩色涂层矿物颗粒（如沥青瓦）。2017 年 10 月，3M 公司完成了对斯科特安全公司（Scott Safety）基本法律实体和相关资产的收购，斯科特安全公司是创新产品的主要制造商，产品包括自给式呼吸器系统、气体和火焰检测仪器，以及补充 3M 个人安全产品组合的其他安全设备。2017 年 1 月，3M 公司出售了其处方安全眼镜业务的资产。2018 年 2 月，3M 公司销售了一些个人安全产品，主要集中在噪声、环境和热应激监测方面。2019 年 8 月，3M 公司出售了气体和火焰检测业务。

6.3.2　运输和电子业务部门

运输和电子业务部门包括为全球运输和电子原始设备制造商（OEM）客户服务的业务。该业务部门包括电子（显示材料和系统、电子材料解决方案）、汽车和航空航天、商业解决方案、先进材料和运输安全等领域。

该部门的运输相关业务包括汽车、船舶、飞机和特种车辆制造、维修和维护所用的部件和产品；发动机密封件、管和垫圈用氟橡胶；绝缘板™舱内降噪和催化转化器用隔音材料和部件；功能和装饰图样；耐磨膜；黏合剂；密封剂；遮蔽带；用于连接铭牌、装饰件、模塑件、内板和地毯的紧固件和胶带；涂层、无纺布和微结构精整和研磨磨料；结构黏合剂和其他特殊材料。在交通安全方面，3M 公司提供用于公路标志、施工作业区设备、货车和其他车辆的反光板，并提供路面标记系统。2017 年 5 月，3M 公司完成了身份管理业务的剥离。2017 年 6 月，3M 公司出售收费和自动牌照/车牌识别业务，并于 2017 年 10 月出售了电子监控业务。

该部门的电子业务包括显示材料和系统业务，该业务提供的胶片服务于电子显示行业的众多细分市场。3M公司为五个细分市场提供独特的产品，包括：1）计算机显示器，2）电视，3）手机和平板电脑等手持设备，4）笔记本电脑，5）汽车显示器。这部分还提供计算机屏幕过滤器，以满足显示灯光控制、隐私和减少眩光的需要。主要电子产品还包括包装和互连设备；用于制造计算机芯片、冷却电子设备和润滑计算机硬盘驱动器的高性能液体和磨料；以及高温和显示磁带。柔性电路采用电子封装和互连技术，在较小的空间内提供更多的连接，并用于喷墨打印机墨盒、手机和电子设备。该领域还包括触摸系统产品，包括触摸屏、触摸显示器和触摸传感器组件。

该部门的其他业务包括主要的商业产品，如薄膜、油墨和相关产品，用于生产车辆、标志和内表面的图形；防溢吸附剂；用于地板维护和商业清洁的非织造磨料；以及地板铺垫。3M公司还开发和生产先进的技术陶瓷，用于汽车、石油和天然气、太阳能、工业、电子和国防工业中。

6.3.3 医疗业务部门

3M公司的医疗业务部门向医疗市场和其他市场提供的产品和服务包括医疗和外科用品、皮肤健康和预防感染产品、口腔护理解决方案（牙科和正畸产品）、分离和纯化科学、健康信息系统、吸入和经皮给药系统，以及食品安全产品。

在医疗解决方案方面，3M公司是医疗磁带、敷料、伤口封闭产品和骨科铸造材料的供应商，此外还有急性伤口护理、皮肤完整性防护和消毒产品。3M公司还销售各种手术窗帘、口罩和制剂、电极、听诊器、灭菌设备以及用于防止病人在手术时体温过低的加热方案。在药物递送系统业务中，3M公司产品包括计量吸入器、经皮贴片和相关组件。医疗业务部门产品还包括一系列用于分离、澄清和净化液体和气体的过滤产品。口腔护理解决方案包括修复剂、黏合剂、抛光产品、牙冠和印模材料、预防性密封剂、专业牙齿增白剂、预防性和正畸用具，以及用于改变传统印模和模拟过程的数字工作流解决方案。在健康信息系统方面，3M 公司开发和销售用于医院编码、记录和数据分类的计算机软件，并提供相关的咨询服务。3M 公司提供食品安全相关产品，使食品加工商更快、更容易地检测食品的微生物质量。2017 年 9 月，3M 公司收购了位于佛蒙特州的测试包制造商 Eliption 技术公司，该公司帮助食品和饮料公司确保其产品不含花生、大豆和牛奶等潜在有害过敏原。2019 年 2 月，3M 公司完成了对 M* Model 技术业务的收购。M* Model 的技术业务提供基于云的会话式人工智能系统，扩展了 3M 公司的健康信息系统业务范围。2019 年 10 月，3M 公司完成了对 Acelity 公司及其 KCI 子公司的收购。Acelity 公司是一家全球领先的医疗技术公司，专注于以 KCI 品牌销售的高级伤口护理和特殊外科应用，扩大了 3M 公司在医疗业务部门高级伤口护理和外科伤口护理领域的业务范围。

6.3.4　消费品业务部门

消费品业务部门为全球消费者服务，包括家居装修、文具和办公用品、家庭护理和消费者保健。该部门的业务还包括建筑和家庭装修分部的某些零售汽车护理产品线。该部门的产品包括办公用品、文具产品、家居装修产品（自己动手）、家居护理产品、防护材料产品、某些零售个人安全产品和消费保健产品。

主要消费类产品包括 Scotch® 品牌产品，如 Scotch® Magic™ 胶带、Scotch® 胶水棒和 Scotch® 缓冲器；Post－it® 产品，如Post－it® 旗子、Post－it® 笔记、Post－it® 便笺簿、Post－it® 标签和封面胶带，以及 Post－it® 弹出便笺和分配器；家庭装修产品，包括 Scotch Blue™ 油漆带，表面处理和木材饰面材料，Command™ 黏合剂产品和过滤器™ 炉子、空调和过滤器™ 房间空气净化器；家庭护理产品，包括 Scotch－Brite® 擦洗垫、Scotch－Brite® 擦洗海绵、Scotch－Brite® 超细纤维布产品、O－Cel－O™ 海绵；防护材料产品，如

Scotchgard™织物保护器；免维护呼吸器；个人安全产品，包括安全眼镜、听力保护器和 3M Thinsulate™隔热材料（用于保暖夹克、裤子、手套、帽子和靴子）；Nexcare™黏合绷带；ACE®品牌（及相关品牌）弹性绷带、支架和温度计产品线；汽车护理产品，包括油漆饰面和完整的清洁剂、敷料、抛光剂、蜡和其他产品。

第7章　3M公司的技术创新

3M公司是国际公认的研发领域先驱企业。3M公司在全球70个国家设有研发中心和技术中心，在36个国家拥有实验室，技术研发人员达8 300余人，技术研发实力雄厚。自1902年成立以来，3M公司从一家生产矿砂的小企业，依靠技术创新驱动，不断做大做强，创造了无数个世界第一，成为广泛涉足生产制造、医疗健康、安全防护、汽车、电子、电力能源的业界巨头。3M公司能够保持如此绝对的行业技术优势，与其百年来形成的技术创新模式与技术创新途径密不可分。

7.1　3M公司技术创新里程碑

自1902年创建，经十余年的积累，3M公司逐步打好了创新发展的基础。1914年，3M公司推出了第一款独家产品——3M-ite™研磨砂布，创新历程由此开始。20世纪20年代初，3M公司成功开发世界首款防水砂纸Wetordry™，开创了工业研磨新时代。1925年，3M公司开发出Scotch™压敏胶带首款产品，迈出了多元化创新的重要一步。1939年，3M公司发明了世界上第一盘录音磁带。此后，3M公司不断实现一个又一个创新里程碑（图7-1）。一个又一个知名品牌旗下的产品被推广至世界，影响并改变着人们的生活方式及习惯。

一个多世纪以来，3M公司致力拓展科技极限，不断改进、结合和创造。从随手拈来的报事贴、便纸条，到道路上的交通标识以及绚丽多彩的广告贴膜，从家庭用品到医疗用品，从运输、建筑到商业、教育、电子、通信，几乎各个领域都能发现3M公司的身影，世界上有 50％的人每天直接或间接地接触到 3M 公司的产品（图 7－1）。

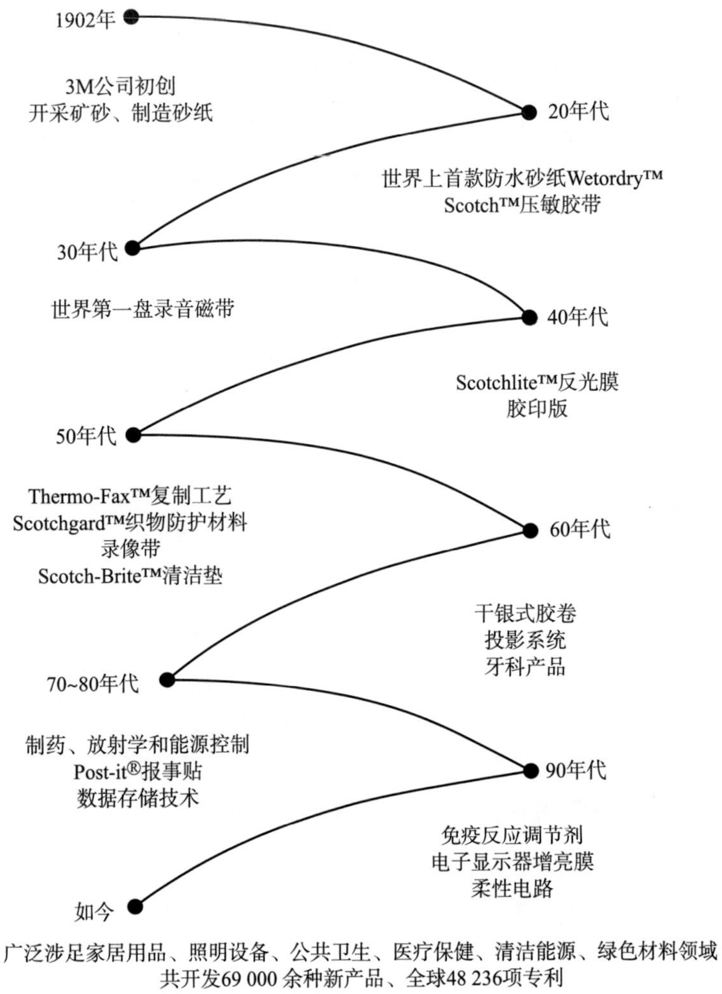

图 7－1　3M 公司技术创新里程碑

7.2　3M 公司技术创新类型与模式

3M 公司内部一共有 3 种技术创新类型（表 7－1）。类型 A 是最基本的，针对的是 10 年以上的新技术开发，创新目标是可以催生出一种新的商业模式或产业。类型 B 改变了竞争的基础，创新目标是在未来的 3～10 年内给企业在现有领域内提供竞争优势，并满足现有用户与产生新用途。类型 C 是延长产品的市场寿命，针对当前业务开发产品和服务，可以使得固定资产增值。每种创新都对应不同的客户关系。类型 A 满足了那些尚未被用户提出来的需求，以至于超出了用户的现有需求；类型 B 的突破是在实验室里通过研究产生的，在研发成果出来之后才能满足用户的需求；类型 C 则是要求研发过程与用户需求紧密地联系在一起。

表 7－1　3M 公司 3 种技术创新类型

<table>
<tr><th>创新类型</th><th>作用(目的)</th><th>客户关系</th><th>工作方向</th><th>特征</th></tr>
<tr><td>类型 A</td><td>产生一种新的商业或产业</td><td>满足人们尚未提出的要求;新客户与新市场</td><td>研究</td><td>先有解决办法后有问题(如即时贴)</td></tr>
<tr><td>类型 B</td><td>改变竞争基础、提供竞争优势</td><td>现有客户与新用途</td><td>开发</td><td rowspan="2">先发现问题再寻求解决办法</td></tr>
<tr><td>类型 C</td><td>延长产品寿命,使固定资产增值</td><td>现有客户与用途</td><td>市场</td></tr>
</table>

从创新运作模式来看，3M 把创新分为三个主要阶段：涂鸦式创新、设计式创新和指导下的创新。这些阶段从大到小呈漏斗状。首先是创新的大胆初步设想从得到一致的认可和赞许，逐渐演变成更加深入和集中的努力方向。在整个过程中，实现众人支持与专人负责之间的平衡，并按照不同阶段逐步增加人力和资金的投入。约束随着阶段的进展而逐渐增强，到了最终阶段，方案的落实要根据经营策略和市场状况来决定。

从创新组织模式来看，位于美国的3M公司中心研究实验室负责长期的技术开发，负责3M公司整体的技术创新推动。由原来的高级实验室转变而来的技术中心负责开发不同的技术平台，同时为产品寻找新的用途。每个事业部门的实验室负责开发与客户已经达成研发意向的产品。其他32家海外分公司也具有支持公司业务计划的实验室，这些实验室的功能涉及技术支持、制造支持、产品改进、产品开发和一些技术开发。除此之外，所有海外分公司都有当地的技术服务工程师为客户提供技术支持。在地理位置上处于市场前沿的部门及分公司与位于圣保罗市的研究机构比起来，工作重心不是新技术的创造发明，而是充分利用公司现有的资源去满足当地客户的需要。过去的数十年来，标准的模式仍然是在圣保罗孵化新型产品，然后投放美国市场，最后再逐渐向分公司的客户推广（图7-2）。

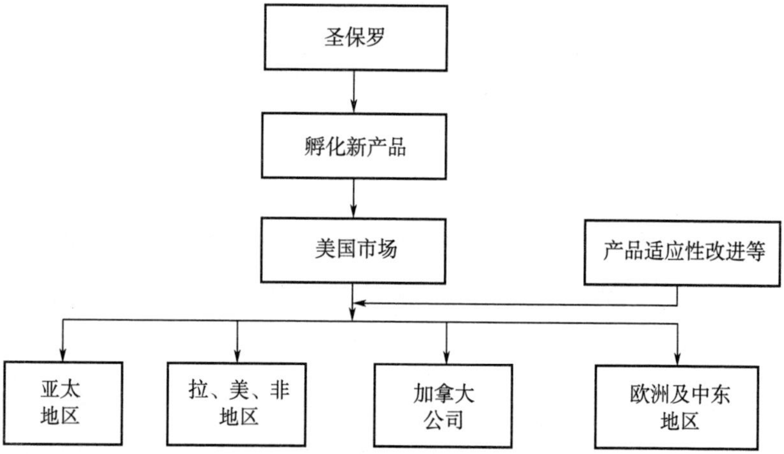

图7-2 3M公司产品开发的标准模式

7.3 3M公司创新创业平台

7.3.1 3M公司技术创新平台

3M公司素以勇于创新、产品繁多著称于世。充满无限可能的核心科技是 3M 多元化技术及 69 000 多种产品的创新源泉。目前，3M 公司在科研和产品开发方面形成了 51 个门类的核心技术平台。凭借 51 个门类的核心科技平台（图 7－3），来自不同行业与领域的 8 000 余名技术人员在这里进行多元化技术领域的交流和研究，为客户提供从技术服务到新产品开发，从解决方案到流程设计的全方位技术支持，并协助建立相关的技术规范。

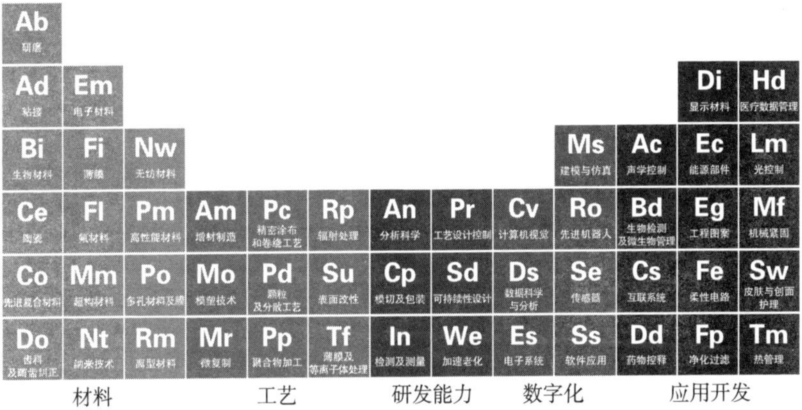

图 7－3　3M 公司 46 个技术创新平台

3M 公司通过应用、生物技术、材料、处理、软件分析控制 5 大专业领域将 51 个技术创新平台进行分类。表 7－2 反映了 51 个平台的归类情况和具体研究内容。

表 7－2　51 个平台的归类情况和具体研究内容

代号	平台名称	创新方向与内容
		材料
Ab	研磨	3M 公司建立之初便是一家研磨材料制造商。一个多世纪以来，3M 公司不断改进自己的原有技术，同时借鉴 3M 公司其他业务领域中的突破性发明来完善这一技术。现今，3M 公司的研磨产品不仅依赖于传统优势（如树脂配方、黏合剂和涂覆技术），也包含微复制、陶瓷材料、无纺布材料和精密成形颗粒等众多非常先进的技术。这使 3M 公司可以提供全面的研磨产品，实现轻松而准确地切割、成形、研磨和抛光

续表

代号	平台名称	创新方向与内容
Ad	粘接	它们既可以非常强劲，能够在一栋大楼的生命周期内，保持对结构板的稳固粘接；也可以非常柔和，能够在一个孩子的皮肤上固定导管。3M公司根据客户的不同需求设计胶粘剂，因而3M胶粘剂在飞机、手机、汽车和医用敷料等截然不同的领域中得到了广泛应用。3M公司的可固化胶粘剂和环氧胶粘剂性能卓越，当然还有3M公司在90多年前的伟大发明——压敏胶带
Bi	生物材料	为了创造用于生命科学的产品，3M公司创新地将材料科学、表面改性、微生物学、生物学和生物化学等方面的技术优势进行了整合。其所取得的成果包括极为耐用的牙科修复材料、制药用过滤介质、生物相容的医用胶带和外伤敷料、给药透皮贴剂、组织防腐剂以及消毒灭菌用传感器
Ce	陶瓷	3M公司从这里起步，将矿石做成砂纸。一个多世纪以来，3M公司已经将无机陶瓷材料打造出令人惊叹的一条大系列产品线。屋顶上坚硬的矿石颗粒保护层、ATM上复杂的触摸屏、美观的牙体修复材料和糙性最好的磨料、即使被雨水浸没也能在高速公路上凸显车道线的反光珠子，以及由超强纤维编织成的输电线，都源自3M公司在无机陶瓷领域的厚积薄发。当3M公司面对电子消费品、智能交通以及空气和水质量等领域的关键大趋势时，这些材料将成就3M公司的未来
Co	先进复合材料	把陶瓷纤维或颗粒致密填充进铝合金，3M公司创造出集非凡强度和刚度以及轻量化于一身的复合材料。这项技术在3M公司的第一个商业应用是高强度高架电缆，它可以传输相同尺寸常规线路两倍以上的电力。这些材料也被拓展到其他应用上，譬如结构和机械用途。当组件需要轻量化，同时能承受高加速负载时，这种材料的优势就会脱颖而出。此外，3M™ Nextel™陶瓷纤维能够增强氧化陶瓷，并能生产耐高温、薄壁、抗热冲击和防氧化的陶瓷基复合材料（CMC）。这一高性能材料被广泛应用于工业炉中，用于窑具生产以及燃烧炉技术领域
Do	齿科及畸齿纠正	3M公司口腔护理产品部运用化学、生物、陶瓷和数字成像的最新技术，帮助牙医和牙齿矫正医师改善全球患者的生活。通过将多种多样的独特材料、系统/软件的专长与很多其他3M技术平台融合到一起，3M公司创造出能够真正推动终身口腔健康的解决方案。3M公司在口腔微生物和氟化物方面的专长帮助医生使用牙膏和保护层来对抗龋齿；3M公司利用陶瓷材料及加工方面的知识生产出牙冠、牙桥和正畸设备，让患者重拾开口大笑的自信。3M公司凭借对树脂技术的深入了解，结合软件和设备工程，专注于为口腔护理行业的3D打印寻得突破口。3M公司一直以来都被认为是牙科行业最具创新精神的供应商之一，3M公司的产品为患者提供长效持续护理

续表

代号	平台名称	创新方向与内容
Em	电子材料	电子元件领域的进步，涵盖从半导体、互连到数据存储和显示，往往始于制造这些元件所采用的有机、无机和金属材料的突破。3M公司利用自身在电子设备的许多其他构建块（如含氟化合物、胶粘剂、研磨产品、膜、电极和电解质等）中的优势，为电子元件制造和性能的改善做出贡献
Fi	薄膜	从单层到数百层，3M公司工程薄膜可以满足各种需求与应用：增强电子显示器的亮度与保护器件、提高能源使用效率、提供建筑内外的商用薄膜，以及汽车上使用的图像方案与交通标识，同时还能为办公、工业组装、医疗健康等各个领域的胶带解决方案提供基材。3M薄膜是3M公司各大事业部诸多产品的基础。3M公司的薄膜技术被广泛应用于各种产品，这得益于3M公司对材料设计与加工工艺的深入理解与精妙结合
Fl	氟材料	3M公司氟材料代表一类高性能技术和产品，并在众多客户应用中提供优越的性能。这些材料包括品种齐全的保护涂层产品线，为各种基材提供防污和防水保护。氟材料被用于热交换液体、耐蚀涂层，以及在高性能涂料涂层和电子工业用的表面活性剂上。Dyneon氟聚合物材料、氟塑料和氟橡胶，具有卓越的耐温和耐化学腐蚀性能，使之成为许多在极端和恶劣环境中使用的产品的理想选择。它们被应用于电线涂层、密封件、垫片、不粘涂层、燃油管内衬和其他关键的、高性能的场合
Mm	超构材料	3M公司正在通过超构材料改变人们对结构材料的看法。该材料是一种工程结构，其几何尺寸小于特征波长，具有在组分材料中未观察到的特性。从多层光学薄膜等一维超构材料，到二维和三维结构材料，超构材料为操控这些刺激波长提供了一种全新方法
Nt	纳米技术	3M公司科学家和研究人员发现纳米级的材料具有独特的物理、化学和生物学特性，这些不寻常的特性已经用于3M公司的高硬度涂层、牙科修复材料和增亮光学薄膜中。许多3M技术平台都因纳米颗粒的出现而发生变革，包括胶粘剂、先进复合材料、伤口护理、陶瓷与电子材料用品等
Nw	无纺材料	3M公司仍在寻找新的方法来改进和应用无纺布材料。在医疗健康领域，医用胶带可以增加患者的舒适度。在工业领域，防护口罩可以保护从业者的健康和安全。在家里，HVAC滤网可以除去空气中的颗粒。在汽车领域，无纺布隔声材料可以让汽车运行更安静且更高效。借助在先进材料和复杂制造技术方面的专长，3M公司正在开发应用于交通运输、过滤、医疗健康、消费品和工业产品的无纺布新材料

续表

代号	平台名称	创新方向与内容
Pm	高性能材料	当 3M 公司科学家碰到客户提出问题时，他们拥有一系列的高性能材料来解决问题。该技术平台涵盖所有 3M 公司内部开发和制造的独特材料，可为 3M 产品提供不同的性能。它包括陶瓷、氟材料、纳米材料、先进有机硅材料、特殊单体和聚合物、特殊添加剂（表面活性剂、交联剂和催化剂）和涂料等，以及通过它们的结合创造出的独特材料和复合材料。3M 公司的实验室不断地研发新的配方，并对现有的材料进行突破性的改进。3M 公司拥有卓越的能力，能把这些新型材料应用到现实的生产需求中
Po	多孔材料及膜	多孔材料和膜出现在成千上万的 3M 产品中，包括口罩、过滤器、燃料电池、透皮膏药以及伤口敷料。3M 公司所生产的膜和其他多孔结构材料适用于各种应用范围。此外，可以对这些材料进行化学改性，以提升其清除污染的效能，改善其选择性，并优化其使用寿命。今天，3M 科技可对水、空气和其他流体进行处理，确保能够以经济高效的方式来实现所需的流体质量
Rm	离型材料	3M 公司许多高性能胶粘剂和敷料都采用离型材料，包括离型膜、低表面能涂层和低黏合性背胶（LAB）等。这些离型材料为产品提供了静音解卷、打印和精确交付等额外的功能，为整个特许经营范围内的 3M 产品提供价值
		工艺
Am	增材制造	3M 公司增材制造技术正在引领行业发展趋势。3M 公司利用其在材料科学和工艺方面的专业知识，将这一数字化技术提升至全新水平，并打造出具有独特材料特性的解决方案。3M 公司能够制造出传统技术无法实现的复杂几何结构、孔洞和凹陷，为各行业的客户提供无限可能：缩短复杂工具的交付周期，并帮助机器在最恶劣的环境中运行。3M 公司正致力于研发全新增材、方法和服务，开拓全新业务模式并协助客户应对关键挑战，创造市场价值
Mo	模塑技术	3M 公司使用模具并利用热塑和热固材料配合先进技术来制造复杂的或定制的器件，为客户提供高性能解决方案。在高要求的应用驱动下，3M 公司在工具设计、精密加工、计量和模具加工方面都具备了独特的专长。这项技术成就了多种多样的产品系列，包括 3M 公司的个人防护装备、口腔护理解决方案中的齿科修复材料分配器、汽车售后市场喷涂解决方案以及用于电子和通信市场的精密光学器件

续表

代号	平台名称	创新方向与内容
Mr	微复制	3M公司率先采用细微但精确的结构形状，为材料赋予新的物理、化学或光学性质。道路标识和电子显示屏上的微复制棱镜使其能够捕获并更明亮地反射光线。微复制的微型百叶窗可保护屏幕隐私。微复制的精细三角陶瓷颗粒涂布在无纺布上，可让3M公司的磨料切割速度更快，并且使用寿命更长。而微复制胶能够让图案贴膜没有气泡残留，大幅提升操作效率
Pc	精密涂布和卷绕工艺	过去，大批量的生产意味着产品性能的大幅波动。但现在，得益于涂布、干燥、固化、卷绕处理以及其他技术的进步，这种情况已大为改观。3M公司的工程师们正着力研究能够精密控制、一体化设计并且更加高效经济的生产设备，用于大批量、卷对卷连续性的生产
Pd	颗粒及分散工艺	3M公司根据需求能够创造颗粒并使其均匀分散到如下介质中——液体、涂布、膜和复合材料，赋予其相关产品的独特性能，如研磨材料、齿科修复材料、油墨、窗膜和光学膜、碳纤微强化复合材料，以及其他产品。基于对材料物理、化学和界面相互作用的研究，3M公司可以精确地分布颗粒和纳米颗粒(如玻璃珠/玻璃泡、碳和金属氧化物)，从而影响材料的强度、折射率、电导率、红外吸收、催化活性和其他特征
Pp	聚合物加工	3M公司是高分子材料开发和使用的全球领导者，采用挤出、共挤涂层以及其他高温降粘生产工艺，将这些独特的分子组合到一起并制成薄膜、胶带等产品。几乎所有3M技术平台和事业部都通过高分子加工来制造产品，包括车用和工业装配用胶带、标识和交通信号薄膜、窗户和显示屏应用的光线管理薄膜、医用胶带和敷料、遮蔽胶带以及办公室和管道胶带
Rp	辐射处理	很多3M产品中的材料都通过物理改性或化学反应的方法进行过改造或增强。3M辐射制成技术可以引发材料的加热、聚合、交联、烧蚀或降解。3M使用紫外线、电子光束、快节奏激光脉冲、微波、红外线、伽马射线和其他技术来制造性能更高的产品。辐射加工可以和3M的51个核心技术平台中的大多数平台相结合，同时对胶粘剂、研磨、齿科和医疗等产品平台而言也是关键的技术点
Su	表面改性	3M公司对材料表面的研究投入远远多于其他任何一家公司。3M公司通过使用气体、液体、气溶胶或固体来改变基底与接触层或基质之间界面的性质，从而改变微粒、纤维、薄膜等基底的属性，创造独特的表面。3M公司还使用热和蒸汽处理技术改变薄膜和网状材料的表面特性。3M公司利用这些先进的工具提高了材料对液体和胶粘剂的兼容性，改变了其硬度，提高了其反射率或创造了其他新的特性

续表

代号	平台名称	创新方向与内容
Tf	薄膜及等离子体处理	金属、氧化物或聚合物在材料表面的精密涂层往往为材料赋予特殊的性能。3M公司通过改善现有的真空和非真空技术创建了极具价值的蒸镀技术平台，可以在这种材料表面涂覆或去除纳米尺度的另外一种材料。得益于公司在该专业制造技术方面的专业知识，3M公司生产出了许多具有独特耐用性、反射、阻隔和化学特性的产品
研发能力		
An	分析科学	初面世的新技术给客户带来解决方案的同时，也会衍生出一系列的问题留待3M公司的科学家们解答：这是什么？它是如何实现的？3M公司还能更优化它吗？为回答这些问题，3M公司已经在测量、表征和了解材料及工艺方面积累了卓越的能力。3M公司的分析资源遍布世界各地，这使得3M公司的科学家们在新产品开发的各个阶段，无论是概念的形成，还是商业化及生产，都能充分利用分析优势
Cp	模切及包装	对于半数以上的3M产品而言，其生产工艺的最后一步是将薄膜、研磨材料、胶带或其他材料转变为客户所要求的具体形状和大小。3M公司有能力对产品以切割、成形及精整方式进行快速布局，因而能够确保高效的定制化服务和始终如一的品质。这种制造灵活性源自于柔性包装技术，它能为成品提供完善的保存和保护，并借此维护品牌战略
In	检测及测量	3M公司在许多领域里拥有极其精准的制造能力。如要使制造误差小于光线波长，则需要用精度类似的工具来测量和检查产品的质量。3M公司发明了光学、红外线、紫外线传感系统，仪表和其他受知识产权保护的工具，用于测量产品的性能、强度、颜色、反射率和厚度
Pr	工艺设计控制	现代先进制造技术对精度、一致性、成本竞争力和安全都提出了极高的要求。以最严苛的连续生产工艺的设计和运行为例，尤其是薄膜处理、涂布和干燥，鲜有公司能与3M公司相媲美。3M公司凭借在传感器、数据采集、建模和控制系统技术领域的优势，建立了灵活、一体化和可持续的生产能力。智能生产的优势充分体现在为客户提供的每一份高质量的3M产品和快速适应市场变化的每一次产品的更新换代中

续表

代号	平台名称	创新方向与内容
Sd	可持续性设计	在3M公司，可持续发展的使命之一是帮助地球上90亿人口在2050年依然能够安居乐业。3M公司会怎么做呢？方法之一就是充分利用3M产品、工艺和包装的可持续性设计。3M公司的可持续性设计包括以下几个方面： ·材料选择：尽量减少材料数量，使用可回收或可再生原材料，并避免使用危害人类健康或环境的材料； ·高效的制造工艺和供应链：尽量降低能源消耗以及废物、废水和废气排放；使用当地供应源的短供应链并尽量减轻产品和包装重量，以降低运输过程对环境的影响； ·产品使用期间为客户带来可持续性效益：在产品使用过程中节约能源或水资源，减少浪费或提升客户生产效率；或设计长使用寿命（耐久性、易于维修）的产品； ·第三方可持续性认证：在产品设计过程中考虑使用寿命限制——产品可重复使用、回收或分解。产品采用易拆解和易回收设计，或实施产品回收计划
We	加速老化	3M公司的许多产品专为户外使用而设计。客户期望3M公司的交通安全材料、标识和其他产品在严苛的气候下暴露多年仍然能够保持可靠的性能。为确保优异的性能，3M公司开发出可以模拟世界各地极端户外条件（如光照、热冷和湿度）的技术。通过自然老化和加速老化试验，3M公司在测量、分析和应对最恶劣环境条件对材料的需求上建立了无与伦比的能力
		数字化
Cv	计算机视觉	计算机视觉在3M公司多个业务部门的创新产品中起着不可或缺的作用。3M公司将光线控制材料的专业知识与顶尖的模式识别算法相融合，生产出机器可读性极高的创新产品，包括可帮助自动驾驶汽车导航的交通标识和路面标线、为患者量身定制的正畸/齿颚矫正治疗、采用先进的图像采集和分析技术的数字化口腔护理
Ds	数据科学与分析	数据科学是一门跨专业学科，旨在使用科学方法、过程、算法和系统，从结构化和非结构化数据中提取知识并分析结果。3M公司应用数据科学为客户提供全新解决方案，涵盖医疗健康、安全、工业自动化等领域。3M公司整合自身的材料和流程数据，并结合各类研究和客户数据，打造出独特的3M产品和解决方案
Es	电子系统	很多3M产品都应用了电子产品和软件技术，如3M™主动安全高清扫描仪、3M™ Littmann ©电子听诊器等。3M公司先进的电子系统通常与定制软件系统配套使用，有助于提升产品的智能化水平和价值。3M公司融合世界领先的材料和加工专业技术与云计算和分析技术，打造出3M公司电子和软件技术这一强大的平台，助力于生产智能材料、智能设备和智能系统，并提供智能服务

续表

代号	平台名称	创新方向与内容
Ms	建模与仿真	通过先进的计算机建模和模拟技术，3M公司研究人员和工程师可以预测尚未成形的材料特性，设计新产品，并加速开发更好的制造工艺。通过原型构建和试验，3M公司可以加快高附加值的新产品研发
Ro	先进机器人	先进机器人加工是一个融合机械设计、物理操作、感知科学和计算机控制设备的技术平台。3M公司采用传统的机器人加工技术来驱动制造价值流的优化，并且最近还采用先进机器人来大规模生产个性化产品。此外，3M公司还利用机器人加工技术，加快了实验室高通量产品的研发进程，提升了机器学习能力，并开发出可用于自动化设置的高性能自动化产品。机器人加工技术改善了大部分3M公司业务部门的研发或制造进程，并且将造福3M研磨、3M胶粘剂等其他产品平台的客户
Se	传感器	3M传感器以及采用3M组件的感应器能够检测到许多重要信号，并将它们传达出去，例如新生儿心脏的微弱跳动、破坏疫苗效力的温度变化、囊胞性纤维症的基因标示，以及让成千上万人陷入黑暗的停电事故。3M传感器技术可检测种类繁多的信号，包括热、光、压力、无线电、化学、生物和高压电信号。3M传感器应用广泛，包括从低成本指示器(例如一次性的灭菌测试条)到高级的自动化诊断设备
Ss	软件应用	应用软件旨在执行一系列协调的功能、任务或活动，让用户受益。应用软件可控制、监控、交互和支持诸多3M创新科技，包括医院的医疗编码应用、牙科和正畸临床/齿颚矫正临床的数字印模，以及执法部门的移动生物识别技术。应用软件可在智能电话、平板电脑、笔记本电脑或台式电脑上运行，也可以嵌入到专用电子硬件和系统中。3M公司使用最先进的工具和技术来开发安全、易用、可扩展及可在全球部署的应用软件
应用开发		
Ac	声学控制	喧闹和令人不快的噪声不仅会刺激耳膜，也会对人们的健康和安全形成威胁。3M公司设计和制造的特种无纺布、黏弹性聚合物及其他材料能够吸收声音，抑制振动和控制不良噪声。在汽车领域，这些材料创造了一个更加安静的乘车环境。在计算机硬盘驱动器领域，它们能够降低令人厌烦的噪声，增加读取速率和存储容量。在工作场所，这些材料可以减少噪声对人员的干扰，保护听力，使交流更加顺畅。在医疗健康领域，它们可以提高听诊器的声音清晰度，为临床医生提供更好的诊疗环境

续表

代号	平台名称	创新方向与内容
Bd	生物检测及微生物管理	3M™生物检测及微生物管理平台融合了微生物生理学和生物化学的专业知识,并结合特殊材料、纳米技术、黏合剂和微复制等核心技术,致力于为各种实际问题提供解决方案。3M公司开发了快速且易于使用的系统,应用于食品生产和医疗设施等各种环境中微生物的检测、识别和量化领域。该平台还可推动3M产品更广泛应用于杀灭皮肤、黏膜组织、医疗器械和环境表面的潜在致病细菌,并可验证医疗设备的灭菌成效
Cs	互联系统	3M公司致力于互联技术的创新发展,并不断提升产品的智能水平。互联系统使用内置传感器收集数据,然后通过对这些数据进行处理,洞察客户需求,创造价值,其应用范围涵盖从工业设备到可穿戴设备等各领域。互联系统是一个分散布置的、能感知周围环境或报告自身内部环境的设备网络。该系统最近已应用于职业安全、交通运输、空气质量和电网现代化等领域。 3M™互联安全将最新互联技术引入工人安全领域。3M™互联交通可为驾驶员和自动驾驶车辆提供增强型交通基础设施,有助于提升道路安全和行车效率。净呼吸™智能空气净化器配备高科技传感器,可监测空气流量和使用情况。净呼吸™智能应用程序可以显示多个地点的室外空气质量信息,随时随地监控空气质量
Dd	药物控释	药物可以提高生活质量甚至挽救生命。在恰当的时间对恰当的部位提供恰当剂量的药物是非常重要的。3M公司是定量雾化吸入器(用于向呼吸道给药)和透皮贴剂系统领域的先驱。目前,3M公司在化学制剂和药物控释技术方面的专长,与3M公司在法规事务、质量保证和精密制造领域数十年的经验相得益彰
Di	显示材料	显示器将各类信息呈现在人们面前,已然成为人们日常生活不可或缺的一部分。3M公司开发了一系列显示技术和产品,致力于提升显示效果,降低能耗,保护显示屏幕,维护信息安全,改善用户界面。3M公司在膜片、光源控制、黏合剂、纳米技术和微复制工艺方面拥有丰富的专业知识,能够提供支持下一代显示器的解决方案
Ec	能源部件	全球都在寻求新的生产和存储能源的技术,3M公司的科技也正应用于这个领域。从消费电子产品到电动汽车再到液流电池(用于电网存储和电信塔的后备电源),不管何时何地,3M公司的电池和燃料电池技术都能高效、可靠地存储和提供能量。3M公司在燃料电池元件以及氧化还原液流电池领域,尤其是在经济高效的膜电极组件的设计和制造领域处于世界领先地位。在光伏产业,3M公司不断推动技术进步(包括阻隔性薄膜和非涅耳聚光透镜),并提供具备极高黏合度和导电性的铝箔胶带等产品

续表

代号	平台名称	创新方向与内容
Eg	工程图案	工程图案的适用技术和应用范围十分广泛，包括自定义图形的打印膜片、经久耐用的交通标识解决方案等。3M公司以首例数码打印的墙面大小的图形对广告进行了重新定义，并通过进一步改进相关设计，使安装更为便捷。3M公司还发明了基于微复制工艺的可打印反光标识基板，同时改进了墨水和颜料技术，以确保即使在最恶劣的条件下也能持久呈现真实、鲜艳的色彩
Fe	柔性电路	数字化浪潮席卷全球，日新月异的新材料和新技术为柔性电子产品提供了发展机遇。此类柔性电子产品可以作为显示器或传感器，在不同的使用场景中进行弯曲、调整或动态变形。此类产品最初的应用领域包括消费电子产品的折叠显示器、用于监测个人健康的可穿戴设备以及汽车3D人机交互界面等。3M公司拥有强大的材料、工艺和制造能力，致力于推动柔性电路的研发进程
Fp	净化过滤	医药、食品和特种化学品的制造都需要最高纯组分。为满足相关行业的严苛标准，3M公司提供了多种适用于液体及气体过滤、分离与净化的解决方案，包括驻极体、微孔膜、碳材料和无纺布纤维技术。该专业技术还应用于3M公司的个人防护口罩与面罩、居家和车载相关的消费品类空气净化器、制药过滤器、家用水处理系统及其他产品
Hd	医疗数据管理	在世界各地6 000多家医院，3M公司先进的软件和咨询服务帮助各个组织采集和分类医疗数据、分配资源、遵守法规、管理收入并最终提高患者护理的质量。3M公司的解决方案显著节省了医疗健康组织的成本，帮助世界各地的政府和卫生政策机构管理成本，并改善其地方和国家医疗健康系统的成果
Lm	光控制	该技术始于3M公司对先进材料的深入理解。这些材料可以整合成具有数百层结构的薄膜，同时也结合了3M公司在薄膜(和其他表面)上创造微观结构的优异能力。3M公司通过将多种技术综合应用和控制光线，以改变日常产品：指示牌变得更加明亮和易于辨识；建筑更加高效节能；安全标识似乎浮动在文件之上；电子显示器画面变得更加生动，但消耗的电力会更少。这一切，都缘于光线控制平台
Mf	机械紧固	凭借3M公司的紧固件产品，客户既可以固定材料，也能拆卸材料，实现反复使用。3M公司结合各种独特技术，包括微复制、聚合物加工、胶粘剂及无纺布，创造出持久耐用的结构化表面。这些“固定和释放”紧固件已经转而应用于婴儿尿布和研磨材料等多种产品中；同时它们也广泛使用于交通、医疗健康、体育用品和电器产品中
Sw	皮肤与创面护理	每当患者的皮肤由于手术、意外事故或静脉插入受到损害时，就会产生感染风险。3M公司医疗健康产品采用了先进的胶粘剂、薄膜、无纺布和特种材料，促进伤口更快愈合，并降低感染风险，如吸附剂和透明敷料、外科胶带和手术铺巾以及备皮产品和清洁用品等

续表

代号	平台名称	创新方向与内容
Tm	热管理	3M 公司热管理材料可帮助各种行业设计运行温度更低、更为可靠的设备。该材料具备优异的稳定性、导热性、高介电强度和一致性，是微处理器、计算机、服务器系统、锂离子电池、电力变压器和高温处理设备热管理等应用的理想选择。此外，该材料还可保护设备周围环境免受高热负荷和火灾的影响。相关材料包含导热流体、陶瓷、树脂、密封剂、黏合剂、胶带、衬垫、无纺布和陶瓷编织纤维等

7.3.2　3M 公司技术创新论坛

3M 公司内部最重要的创新活动是知识共享平台，即“技术论坛”。3M 公司在全球 27 个国家都成立了技术论坛，共拥有一万名以上成员，技术论坛不隶属于任何一个部门，有自己的主席和成员，有自己的兴趣与项目组，很多创意如果得到公司支持就会正式研发。

3M 技术论坛由 3M 公司的科学家、工程师和技术师组成，是完全的志愿者组织，自愿加入，没有专业、部门的限制，也没有上下级关系。技术论坛为交流创新经验提供了正式以及非正式渠道。论坛的活动包括由诺贝尔奖获得者主持的研讨会以及各种专业技术交流会。通过各种专业技术交流会，科研人员可以借鉴来自其他科技领域的经验并受到启发。例如，通过聚合体化学专家参加，材料科研人员就可以借鉴其技术，研发出融入高级宇宙太空钛材料的产品。

1951 年技术论坛刚成立时，是一个仅有 40 人的组织，其管理团队也只有主席、副主席和秘书三人，职能主要包括教育培训、沟通交流、宣传和会议组织三部分。技术论坛发展至今，成立了管理理事会（Governing Board），负责技术论坛的运作和管理，理事会成员由技术论坛全员选举产生；成立了参议院（Senate），负责重大事务的决策，由各产品部门技术总监指派一名议员；并有以技术方向为核心的技术分会（Chapter），仅在圣保罗就有 39 个技术分会。各国技术论坛也设立了本地的技术论坛管理理事会和技术分会。例如，3M 公司中国区技术论坛在 2011 年拥有 500 名以上成员，20 名管理理事会成员，21个技术论坛分会，其中北京和广州技术中心各有一个技术论坛分会。

诸多3M公司科技创新故事和产品都受益于技术论坛，往往是源于不同产品部门的工程师间的闪光创意交汇，包括带来数十亿美元业务的增亮膜的核心技术——多层膜技术，就是在1991年的技术论坛年会上开始交流的。

技术论坛以分享与合作为核心，共同创造价值，充分体现了3M公司的精髓：科技、产品和创新。技术论坛举办丰富的活动，将3M公司的科技精英汇聚在一起，跨国界、跨领域交流共享，正是这股动力令3M公司创造出了一个又一个划时代的产品，为客户、家庭、个人和社会做出了积极的贡献。

7.3.3 3M公司客户创新中心

3M公司内部倡导“协同客户创新”的研发理念，与本土客户紧密合作，深入挖掘客户的各种潜在需求，依托3M公司的技术平台，不断开发出超越客户期望值的产品与解决方案。

为了让客户与社会各界能够更好地了解3M公司的科技创新，3M公司在全球的一些研发中心和技术中心内部建立了3M公司客户创新中心。3M公司客户创新中心被誉为3M公司的“创新摇篮”，集中展示了3M公司的核心科技和多元市场应用，通过新奇有趣的互动体验带领每位客户进入3M公司的创新世界。

客户创新中心可以使客户在轻松、开放、友善的环境内，一站式体验3M公司的创新科技及解决方案。而3M公司的研发人员也可以对客户使用产品的方式以及想要达成的目标有更深入的了解。以客户为中心的互动交流，不仅令客户对3M公司的产品建立起强大的信心，也可以把客户需要和3M技术创意结合起来，促成更多创新的构想及应用。

第 8 章　3M 公司的国际化创新

创新是 3M 公司一百多年来得以持续发展的根本，那么，全球化的创新则是 3M 公司在其百年发展后继续施展技术优势，在短时间内形成比其他公司拥有绝对优势的创新产品，从而打破现有市场的平衡，在国际竞争中立于不败之地的秘密。3M 公司是全球性的多元化科技企业，为全球近 200 多个国家的客户提供产品及服务。3M 公司 2019 年度全球销售额达到 321 亿美元，其中海外销售额约为 190 亿美元，占比为 59.1%。全球化的创新和管理是 3M 公司在其百年发展历史的后半个世纪中继续发展技术能力、开展国际竞争的制胜法宝。

8.1　3M 公司国际化创新的历史发展

8.1.1　20 世纪 20 年代到 50 年代

3M 公司在 20 世纪 20 年代第一次走出国门。时任 3M 公司总裁的威廉·麦克奈特（公司初期得以生存下来的关键人物）把 Wetordry™砂纸作为公司走出国门、进入欧洲市场的入场券。这种砂纸能够满足汽车生产商抛光汽车油漆的需要，同时降低了空气中粉尘的含量，所以这种产品具备较强的市场竞争力，很快成为畅销产品。但当时，公司在美国以外的销售收入占总销售收入的比例非常低，还不具备海外经营的视野和能力。了解到欧洲市场的需求以及公司全球扩张的潜力后，威廉·麦克奈特一直想在欧洲本地建造 3M 制造工厂，进行海外本地化运营。他相信 3M 公司未来一定是一家国际化公司，凭借公司强大的全球专利、服务于国际市场的战略性的制造厂、全球的营销网络等，一定能把公司成功推向国际市场。

但麦克奈特第一次在法国和德国购买研磨厂和第一次在英国制造 Wetordry™砂纸都失败了。1928 年，麦克奈特总结前期经验，认为美国公司要在英国有立足之地，必须创新思路。1929 年，3M 公司以 Wetordry™ 砂纸为资本和八家北美的竞争对手一起创建了 Durex 公司，打开了进军欧洲市场的大门，成为最终将 3M 公司推向全球的第一步。

8.1.2 20 世纪五六十年代

1950 年，美国法庭认为 Durex 公司违反了反托拉斯法，美国政府解散了该公司。但 Durex 公司的解散并没有给 3M 公司的发展带来太大的挫折。20 世纪 50 年代早期，大部分美国公司只是关注国内业务的增长，很少具有如麦克奈特团队那样的国际野心，也没有国际业务的经营模式可以参考。已成为董事会主席的麦克奈特选择自主投资，开启独立自主的海外扩张行动。

1951 年，3M 公司在澳大利亚、巴西、加拿大、法国、德国、墨西哥、英国成立了国际公司，建立了负责国际业务的部门，这是 3M 公司第一次直接投资国际业务，也标志着 3M 公司正式启动国际化发展道路。20 世纪 50 年代，3M 公司从战略上进行谋划，布局海外市场。3M 公司首先了解想要进入的国家、业务经营的团体、市场需求等，然后建立仓库业务储存来自美国的货物；再根据当地市场、客户与文化的需求改变产品，所有的产品都从圣保罗的总部发出，到每个国家后按当地方式修改、包装；最后是设计和建造自己的工厂，购买机器并使它们运转起来。这个时期 3M 公司的全球扩张非常快速，20 世纪 50 年代在 12 个国家开展业务，60 年代又发展了 23 个国际公司。1951 年，国际业务的收入为 1 800 万美元，1960 年为 1.36 亿美元，20 世纪 60 年代末国际业务销售收入（图 8－1）则实现了 5.52 亿美元。

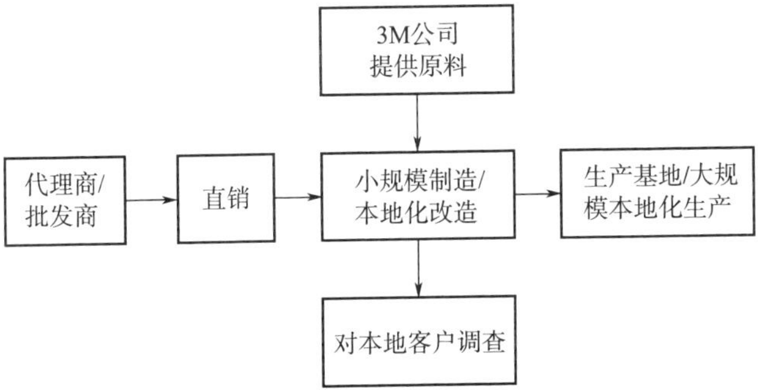

图 8－1　3M 海外分公司发展进程（一）

8.1.3　20 世纪 70 年代以后

20 世纪 70 年代，全球经济发展不景气，衰退迹象明显。3M 公司逆势而上，仍保持了与 60 年代相当的发展态势。到 70 年代末，3M 公司已经建有 51 家海外分公司，分布在世界地图的各个角落，已经从国际化经营阶段进入全球化经营阶段。3M 公司不仅在全球各区域直接应用现有的产品和技术，它更是营销、产品适应和运作的创新者。在技术层面，3M 公司海外分公司不断建立研发实验室，不再仅仅强调对海外生产和销售业务的技术支持，70 年代末，公司开始鼓励最早产生于美国之外的新产品和新业务，到 80 年代，来自于美国以外分公司的实验室已经成了公司产品研发的主要贡献者（图 8－2）。

在这个时期，3M 公司的美国公司和国际业务部开始紧密地合作。20 世纪 80 年代，3M 公司认识到全球市场的激烈竞争，开始从全球的视角而不是一个国家的视角来进行扩张。90 年代开始，第一个负责欧洲所有化学业务的欧洲业务中心成立，3M 公司逐渐从国对国的管理转向更大范围的区域性管理，3M 公司进入了一个新的全球管理的组织结构。

截至 2019 年年末，3M 公司在 70 多个国家设有分公司，海外分公司贡献了约 60％的销售收入。1992 年，国际业务的销售收入第一次超过公司总收入的50%，并且还在不断发展；1997年3M公司70%的增长源于海外分公司。近40家海外分公司拥有自己的制造业务，30多家海外分公司具有支持公司业务计划的实验室，其他海外分公司也都有分公司、区域或美国实验室支持的当地技术服务工程师为客户提供技术支持。

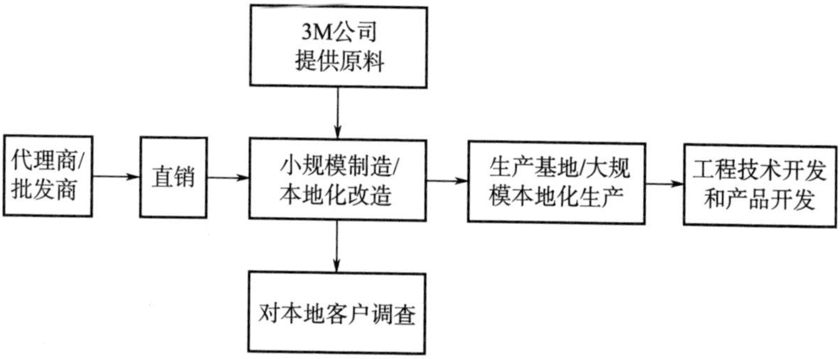

图8-2　3M海外分公司发展进程（二）

8.2　支持国际化创新的管理举措

8.2.1　以一套顶层战略进行属地化差异执行

对于任何一个海外分公司，3M公司都给出一样的顶层发展思路，然后由海外分公司自己确定如何运作。鉴于每个海外分公司所在国家都有其自己的文化、语言、习俗和资源，公司并不希望海外分公司采用与美国本部相同的发展策略，而是希望它们有自己的目标和雄心，有自己的创造性。“别插手”的管理哲学不仅是3M公司适应国外当地文化、进入当地市场的重要法宝，也是技术创新的又一重要源泉。这在公司的整体运营中是如此，在国际化技术创新的管理中也是如此。

基于国外当地的资源与文化，3M海外公司有许多创新的产品和技术，如3M巴西公司从当地的原材料中，发明了用于汽车制造的低成本热熔黏胶；而 3M 菲律宾公司了解到菲律宾人用脚擦地，就设计了肢形的清洁布。20 世纪 90 年代以后，3M 强调从全球而不是从每一个国家的视角来进行全球的扩张和管理，并在 1993 年引入“一致性”战略，强调在全球范围内建立一个一致、积极的 3M 形象，3M 公司在整个世界范围内只有“一种声音”，但可以有许多“口音”，实现不同地区的文化认同、语言认同和客户认同。

8.2.2　采用员工本土化和海外派驻相结合的策略促进创新

从海外分公司所在地招聘海外分公司所需要的员工，这不仅有助于促进国际化创新中的交流与沟通，顺利进入当地市场，而且许多国家有超越美国的技术和资源，聘用本土员工可以直接接近当地技术，弥补在美国所缺少的人力资源。另外，聘用本土员工可以直接获得已经具有所需要技能的地方专家，他们往往相对更廉价，同时也可以减少昂贵的组织内部培训费用。

3M 海外公司一直有一个政策：这个公司必须由当地的员工运营，因为他们了解当地的语言、文化和商业政策。现在 3M 公司在美国之外有 56 000 多个员工，绝大部分是当地的，只有几百名海外分公司的员工不在其国籍所在地工作。如在日本的 Sum itomo 3M 公司是 3M 公司在美国以外研发方面最有经验的团队，该公司的研发团队拥有一支以高素质技术人员为核心的队伍，这使得 Sum itomo 3M 公司一直处于技术前沿。

3M 公司通过大量正式的组织机构在全球范围内培养创新活动，其中最重要的一种形式就是由美国向国外派驻管理人员。3M 公司始终认为坚持全方位的海外派驻是促进跨国工作关系的唯一最佳手段，在这方面取得成功的关键就是公司几十年以来一贯坚决支持这种海外派驻。由于 3M 公司的雇员更替比例相对来说比较低，因此有利于分享员工经验以及协调人与人之间的关系。3M 公司非常需要具有丰富海外经验的雇员入选公司的高级管理层。

为了加强海外分公司和美国公司的联系，3M 公司管理海外分公司的人员有不少是从公司总部派出的。从人员的绝对数量来说，相对于海外分公司五万多人的雇员，这样的管理人员只占一个很小的比例，但他们在技术交流中处于枢纽位置，其中各国的管理总监通常都由美国派驻国外的人员担任。各国的技术总监也常常由美国派驻，他们在赴外任职之前，通常都在美国本部的研究机构工作。对于美国与其他国家之间进行的技术信息的输入与输出来说，这样的技术总监将是理想的流通管道。近年来，除美国以外的其他国家之间相互派驻的现象增加，例如日本到菲律宾，英国到中国等，这起到了在这些国家和员工之间相互传输技术和专业知识的作用，这种全方位的海外派驻人员成为跨国技术交流与创新的关键联系与协调者。

由海外公司选择成员派驻到美国也是另一个重要方法，大量外籍雇员被派驻到美国学习特定的技术或做短期访问，并与公司的美国技术机构建立联系，这些人员在驻美期间可以参加产品改进和合作设计等活动，并熟悉 3M 公司的企业文化，促进跨国技术交流与沟通。

8.2.3　采用多种形式的沟通与交流挖掘知识

3M 公司利用最好的技术和方法来提升团队之间的沟通和相互作用。为了增强从“隐性到隐性”的知识转换，3M 公司强调人们需要花费一定的时间进行交流。许多公司都会做出减少面对面的交流和会面的决定，以减少开支，但 3M 公司却创造更多的面对面交流和会面的机会。为使销售人员和科学家将他们的经验、见识和创新思想从美国传输到世界各地，3M 公司在全球范围内实行辅导计划，公司的企业科学家被定期派往海外实验室，在海外召开各种技术研讨会，并在那儿待上相当长一段时间，以对当地有发展前途的年轻雇员产生充分的影响。

跨国小组是支持全球创新的另一个正式机制。它是在欧洲先发展起来的，建立这些小组的目的是让公司能够以更集中的精力、更良好的合作、更迅速的步伐和系统性，以持之以恒的精神在具有重大发展机遇的市场中奋发图强。这些小组的最初名称是 EMAT 欧洲管理行动小组，他们定期将美国和当地分公司的相关人员召集到一起共享信息，并制定决策鼓励美国员工。在为美国以外的市场抽出更多的时间与精力方面，这些小组发挥了重要的作用。与此同时，定期的小组会议使非美国成员的观点能更受重视，并在客户问题方面承担起更重要的责任。3M 公司将欧洲小组的成功经验推广到其他地区，这其中包括 JMAT 日本管理行动小组和 APMAT 亚太管理行动小组。

对创新活动而言，友谊是无形的而又颇有价值的支持，良好的人际关系能够为跨国创新活动提供一种非直接的动力。3M 公司发动了许多非正式的活动以促进交流和沟通，如 3M 公司语言社、3M 公司出国服务雇员志愿者服务计划。

无论是将母国的技术转移到东道国，为当地市场开发新产品，还是跟踪和学习东道国技术，为母国带来新思想，或者为全球市场设计新产品等，必然要考虑不同国家、不同民族的文化对创新活动的影响，重视技术创新中文化的差异和冲突，进行跨文化管理，这是技术创新国际化中重要的战略问题之一。3M 公司一半以上员工是在美国之外分公司工作的当地员工，多文化、多背景的员工进行有效沟通是 3M 公司成功的一个必要部分。3M 公司通过鼓励正式和非正式的能确保协调行为得到贯彻的网络活动，来促进不同技术人员、市场人员、销售人员、制造人员和顾客之间的沟通。

第9章　3M公司的创新机制

科学合理的创新机制是确保现代企业创新活动顺畅运行的关键要素，对于企业高效运转、构建“自学习”模式，进而形成核心竞争优势具有重要意义。总的来看，3M公司的创新机制包含四个层面：一是将创新思维融入到基层员工和管理人员的日常工作中，对创新充分授权，赋予支持；二是打造一系列创新支撑机制，旨在破除架构臃肿、创新成果难以孵化的“大企业病”；三是引入“逆向战略计划法”和“先导用户法”等创新秘诀，通过工作方法的颠覆式创新培育经得起市场考验的创新创意和全新产品；四是以创新文化厚植创新沃土、激发创新热情、培育创新精神。

9.1　对创新充分授权，赋予支持

3M公司有放权的传统，当员工准备好进行发明创造时，公司就会及时给予帮助，给予授权，激发他们的创新动力，其核心在于如何保护他们这种内在的动力。

（1）15％规则

3M公司对创新创业非常重视，鼓励每一个员工开发新产品，自由地提出任何新的观点和想法。为此，3M公司提出了“15％规则”，允许每个员工最多可用15％的工作时间来“干私活”，即搞个人感兴趣的创意，不管这些创意是否直接有利于公司。

“15％规则”并不是对每个人的工作时间进行严格限制并确定好哪些是属于“15％”的时间，其实质是倡导一种创新与日常工作的互动关系。一般来说，当员工产生一个很有希望的构思时，他可以直接与相关部门联系，看是否可以付诸实践。在必要时候，3M公司会组织一个由该构思的开发者以及来自生产、销售、营销和法律部门的志愿者组成的风险小组，小组成员始终密切跟踪产品，直到它成功或失败，然后回到原先各自的岗位上。

（2）弹性目标

3M 公司制定的目标并不多，除了诸如每股收益、资产收益率等基本财务指标外，还有一个目标是专门用于加大创新步伐的，即每年销售额中至少应有 30%来自于过去 4 年中所发明的产品。3M 公司对该目标十分重视。另外，3M 公司还制定了新产品销售额占全部销售额的比例从 25%提高到 30%的目标。由于该目标需要每年达成，并已经应用到 3M 的各个领域，从而使公司创新的压力明显增大。之后，3M 公司又进行了一次调整，规定销售额中的 10%应该来自于 1 年内刚刚上市的产品，这使员工形成一种强烈的紧迫感。这就是 3M 公司的弹性目标管理，主要是指要制定雄心勃勃但切合实际的目标。

（3）善于平衡

3M 公司激励每位员工进行创新，自然而然创新的想法就会很多。3M 公司主管技术的管理人员会经常遇到下述情况，即很多资深的企业研究人员进行了不错的产品项目开发，也制订了周密的启动计划，在支持资金有限的情况下，如何选择项目成为管理人员面临的难题。面对这种情况，3M 公司管理人员通常采用一分为二的均衡原则，既不过激，也不过于保守。长期投资与短期利益、发明与应用、直觉与市场数据之间都力争保持平衡。尽管不同的管理人员对此有着不同的见解，选择时也受到项目本身与 3M 商业运作关系密切程度的影响，但一般而言，3M 管理人员采用的共同方法就是走中间路线。

9.2　形成了独特的创新支撑机制

9.2.1　支持创新的组织结构提升了员工的创新自主权

与一般的矩阵型组织结构不同，为了鼓励和支持员工不断创新，激发员工的创新热情，3M公司创新组织方式，在组织结构上采取不断分化出新分部的分散经营方式。3M公司的这种扁平化改造不是简单地从上而下分设组织，而是从下往上发展新组织，即随员工的创新产生项目组。在3M公司，当一个新的项目开拓团队刚成立时，就会在第一时间招募一批工程技术、生产制造、市场、推销等方面的专职人员，在项目的不同阶段，有些专职人员可能是多余的，例如在项目初期，只需要很少的生产人员。但是3M公司认为：只有专职人员，才能形成对新事业的热情和献身精神；只要所有的组员都是自愿参加，就能轻易激发小组成员的工作积极性和责任感。3M公司的一位高级经理针对这种组织方式曾表示："组员的募聘与指派大有不同。如果我是搞市场营销的，被上级派来评价一下某位技术人员的设想是否有价值，而奖励的办法又是绝大多数公司采取的那一套，我可能会数落一番它的毛病，敷衍了事，就算完成了任务。但如果我是一位自愿参加的团队成员，就根本不会出现这种泼冷水的事。"

3M公司赋予新项目开拓团队高度自主权，鼓励其坚持到底。3M公司要求整个项目从启动阶段，直到最后产品推向市场为止团队都始终保持紧密团结。具体做法是：把团队成员视为一个集体来分配任务。将产品投放市场时，团队成员也及时跟进，并从产品增长中得到相应绩效。即使最后项目开拓失败，也会保证团队成员的职位和收入不低于他们以前的级别。这种新型的组织结构设置方式支持员工不断创新。

9.2.2 对官僚主义的抵制进一步推动了员工的创新活动

官僚主义是许多大公司的通病，与创新精神格格不入。面对新事业新业务，3M公司一般采用许多灵活变通的办法鼓励创新。例如，在3M公司内部，隶属于某一个分部产品开发团队的成员有了一个新点子，他一开始可能是去找他的上司要求拨款以支持其新产品的研发。但如果上司拒绝拨款支持其创新，在其他公司该员工的创意可能从此夭折，然而在3M公司，他还可以寻求其他分部的支持，如果在多个分部均得不到资金支持，他还可以找到新项目开拓团队寻求帮助。通过这种特色机制，3M公司确保有多种途径支持员工创新，从而不放过任何一个可以创新的机会。有一个说法，3M公司的管理人员必须要学会“视而不见”，因为即使你屡次想要取消明显不切实际的研究计划，研究人员也可能会坚持己见，而你还必须接受。

9.2.3 对创新给予物质支持及精神激励

3M公司形成了个性鲜明而又多样化的创新激励机制，为创新文化的传承和发扬奠定了坚实基础。

首先是技术和资金的支持。3M公司任何一项技术平台都可以在全公司范围内共享，每年将销售收入的7%左右投入相关技术和产品的研发。3M公司每年发放90多项、每项5万美元的“吉尼斯专款”，用于帮助那些开发新产品的项目。如果员工的创新设想与公司发展的重点不匹配，可以申请“起源基金”或“开拓基金”，这是专为那些被正常申报程序判了“死刑”的创意提供的资金支持。“阿尔发计划”则主要是为新技术走向市场提供“种子基金”。这就使得几乎每一项合理的创意和尝试都能得到公司的资金支持，保障了创新活动不断被推进。

其次是精神激励。3M公司设立许多荣誉称号用于奖励创新的员工和项目。如“卡尔顿奖”奖励做出杰出贡献的3M科学家，“金色步伐奖”奖励销售额超过1000万美元的技术创新项目，“发明家奖”主要奖励利用15%工作时间开发出新产品的个人，此外还有“金靴奖”“寻径奖”等。任何员工的创新发明一旦成功，公司都会给予热情款待，并举行隆重的表彰仪式。

再次是时间激励。每个员工都可以用15%的工作时间“干私活”，即把时间用在自己感兴趣的项目或计划上，不管这个项目是否能马上带来直接效益。“15%规则”重要的价值在于鼓励员工按自己的意愿去做他认为正确的事情。

最后是职位激励。在3M公司，创新成功的员工，其职务会随着他发明的产品的销售额增长而提升，从基层工程师、产品工程师、项目经理、部门经理直到分部经理。如果成功开发出新产品、新市场并创办一个新企业，还可以成为这个企业的总裁或副总裁，同时享受股票认购权与红利等。这种多元化的创新激励方式既保障了激励效果，又培养了员工的忠诚感，为企业持续创新提供了源源不断的动力。

9.2.4 激发创新的人力资源管理体制是其创新机制的内在动力

3M公司产品创新、技术创新、管理创新等所有创新活动都是由员工完成的。与此相应，3M公司有一整套行之有效的人力资源管理体制可以吸引、留住和开发优秀的创新型人才，并激发他们不断创新。

3M公司每年平均需要招聘几百名新员工，为了保证所招聘的员工具有创新性，公司对于招聘的员工有几个最基本的要求：一是要求新进员工应该具备从事应聘岗位的专业背景和技能；二是需要有相应的创意和创造力；三是需要具备解决问题的能力及其主动性。从总体来看，3M公司对新进人员创意和创造力的要求总是放在第一位。

3M公司通过内部晋升体系和独特的奖酬制度激励员工不断提高自己的能力。据统计，3M中国有限公司只有个位数的经理和主任是因公司业务发展迅速从企业外部招聘进来的，而其他管理层都是从基层提拔上来的。正是这种内部晋升体系，让基层员工对于未来前途更抱有希望，从而不断自我激励，促进自身能力最大化地发展。

此外，3M公司独特的奖酬制度也激励员工不断创新。当员工因为创造一种新的产品而加入到一个新项目开拓团队时，其职务和薪酬类别会随着新产品销售额的增加而发生相应提升。对于那些不想当经理的员工，公司则安排了另外的奖励办法。公司还专门设立“进步奖”，用以奖励那些新产品开发后3年内在美国销售额超过200

万美元，或在世界范围内销售额达 400 万美元的新项目开拓团队。对于在创新方面表现出色的员工，公司每年要评比“创新英雄”并举行隆重的颁奖仪式。3M 公司将总资产为 300 多亿美元的大集团，划分为 1 200 个独立经营的小公司，有效地唤醒了员工对公司的认同感和主人翁精神。

9.2.5　创新无处不在但并非刻意追求

在 3M 公司，时刻都可以听到人们谈论创新的问题。3M 公司的正式宣言，就是要成为“世界上最具有创新力的公司”，3M 公司对创新的基本解释既醒目又简单。创新就是“新思想＋能够带来改进或利润的行动”。在他们看来，创新不仅仅是一种新的思想，而是一种得到实行并产生实际效果的思想。创新不是刻意得来的，3M 公司证明了一件事，那就是当公司越是刻意要创新时，反而越是不如其他公司。报事贴就是在一连串意外中诞生的，并不是依循精密的计划而来。每次意外的发生都是因为某个人可以完全独立从事公司的非指定工作，但同时也履行了对公司的义务。发明者往往比管理者有更多的空间可以表达自我。

9.3　引入两大创新“秘诀”

3M 公司采用“逆向战略计划法”和“先导用户法”来管理技术创新，使公司各类创新要素得到更为合理的配置和更为高效的运转。

9.3.1　逆向战略计划法

逆向战略计划法是一种先设定解决问题的办法，然后找到问题的一种逆向思维体系。3M 公司根据逆向战略计划法将创新管理分成几个阶段，包括涂鸦式创新、设计式创新和指导下创新。涂鸦式创新，是指天马行空甚至杂乱无章地提出一些新构想；设计式创新，是指大家一起讨论各种新想法，待初步设想得到一致认可和赞许后，各方集中力量进行深入的研究，转化为具有一定可行性的项目构思；指导下创新，是指通过不同阶段逐步增加人力和资金的投入，最终完成项目构思，开始投入正式的研发试验中。

3M公司极有威望的研究带头人科因称，公司的管理哲学是一种“逆向战略计划法”。3M公司并没有先将重点放在一个特定的工业部门、市场或产品应用上，开发已经成熟的相关技术，而是先从一个核心技术的分支开始，然后为这种技术寻找可以应用的市场，从而开创出一种新的产业。这是一种“先有解决问题的办法后有问题”的创新模式。3M公司的核心技术并不十分庞杂，所以很多创新活动都是围绕企业已有的技术成果进行交叉开展的。研究人员通常是先解决技术问题，然后考虑这种技术可以用在什么地方，最后由技术牵引市场。

3M公司从一个核心技术的分支开始运用这种体系，再为该技术寻找潜在应用市场，从而催生一个新产业。曾任3M公司CEO的德西蒙说：“创新给我们指示方向，而不是我们给创新指示方向。”3M公司试图通过一种类似温室的、允许内部创业的公司文化来支持研究活动。3M公司有时在自然创新方面非常有耐心，明白一种新技术要想结出果实，可能会需要许多年的时间，因为过去公司研制最成功的技术也曾经走进过死胡同。

9.3.2 先导用户法

先导用户法首先把创新活动转变成确认先导型用户和向他们学习的系统性任务。其核心思想是：运用集中小组访谈之类的方法访问用户，从用户处搜集信息，然后向先导用户（顾客或用户）学习了解他们对现有产品（包括竞争产品）的看法，进而获得开发创新性产品的灵感。此外，也可以通过分析销售数据、销售人员的客户访问报告和顾客需求与投诉资料，从中发现新的产品构思。3M公司通过先导用户法来管理技术创新。先导用户法可以帮助3M公司获得企业所需要的信息，而研究与开发人员则根据这些信息创造性地提出新产品开发思路。

先导用户法的运用主要包括奠定基础阶段、确定趋势阶段、识别先导用户阶段、寻求突破阶段。首先，开发团队应先对目标市场以及公司领导层所期望达到的水平进行分析判断，在推荐方案获得领导层采纳后，尽快提交上层审批。其次，开发团队必须与将要涉及的技术领域内的专家进行深入讨论，广泛交换意见，争取获得有价值的信息。接下来，开发团队用网络或者其他方式来识别目标和相关市场的先导用户，并向先导用户学习以及收集信息。这些信息可以帮助开发团队更加了解市场需求以及消费者心理，对于突破性产品的开发及未来创新产品的市场推广都很有用处。在此基础上，开发团队开始初步形成新产品开发设想，并且评价其商业运作的潜力，以满足利益最大化的需求。在最后的寻求突破阶段，就是将初步的设想变成现实。开发团队可以先与几个先导用户召开一个专题讨论会，参会人员包括公司的营销人员、技术研发人员以及负责先导用户沟通的开发小组团队成员。参会人员先分小组工作，再集中设计符合公司需要的最终创意。在专题讨论会后，项目开发团队再提炼创意，并确定它是否符合目标市场用户的需求，并且将最后的推荐方案上报企业管理层。在推荐方案中，可以提供一些对决策人有帮助的信息，如解释顾客为什么愿意买这种新产品、对这种产品的功能需求等。当技术创新成果转化成商品并被推向市场后，在该过程中所收集的信息仍富有实用价值。

9.4　以创新文化厚植创新沃土

新产品不是自然诞生的。3M 公司的知识创新秘诀之一就是努力创造一个有助于创新的内部环境。3M 公司文化突出表现为鼓励创新的企业精神。3M 公司之所以能够“百年发展、百年辉煌”，得益于历久弥新、底蕴深厚而又独具特色的创新文化。3M 公司多次名列全球最具创新精神企业排行榜前列，得到著名管理学家德鲁克、彼得斯以及惠普公司创始人比尔·休利特等人的高度评价。3M公司独特的创新文化正在成为当代企业创新文化的先导和标杆。

9.4.1 支持设想、注重行动

冒险与创新是3M公司发展的必然要求，要在诚实与相互尊重的气氛中给予鼓励和支持。3M公司鼓励员工发挥主观能动性。3M公司自创立伊始就以成为“世界上最富有创新精神的企业”为愿景来激励员工，把创新看成是企业成长的方式，视创新产品为生命，鼓励和支持一切创新的想法和行为。正如德鲁克所说，创新不是以科学或技术上的重要性，而是以对市场和顾客的贡献来衡量其价值的。

3M公司深谙此道，其确立的创新理念简单而明确：“创新＝新思想＋能够带来改进或创造利润的行动。”这一理念表明，创新仅有构想是远远不够的，还必须有行动、有实践。3M公司明确规定，每年销售额的30％要来自前4年研制的产品，之后又进一步提出，销售额的10％应该来自1年内上市的产品。同时，3M公司坚持以市场价值作为衡量创新成效和实行创新激励的主要尺度，通过这种市场的回报机制实现创新的可持续性。3M公司的创新不仅仅限于产品、技术层面，在流程、服务、管理等方面都有创新实践不断产生，无论是研发人员，还是管理、服务人员，创新都是他们日常工作中不可或缺的部分。

3M公司向员工提供经营保证和创新资金，不管谁有新主意，都可以在公司任何一个分部求助资金；当他创造的产品进入市场，他就变成了一位产品工程师；当产品销售额达到100万美元时，他的职称、薪金都发生改变；当销售额达到2 000万美元时，他就成了“产品系列工程经理”；当销售额达到5 000万美元时，就可以成立一个独立产品部门，他也就成了部门的开发经理。

9.4.2 尊重个性、知识共享

创新的主体是人，创新有赖于人的主动性和创造性的发挥，有赖于组织内部充分的思想交锋、自由讨论、共享知识和信息的文化环境。所以，创新文化必然是以人为本的文化。3M 公司秉持尊重个人的尊严、个性和价值的理念，相信员工之间新思想的交流会产生意想不到的效果，相信好的想法往往来自每天都和顾客打交道的员工，鼓励员工参与创新和管理，努力为员工提供一个公正平等、自由交流、快乐工作的良好环境。公司部门主管经常与员工进行坦率的交流，管理人员经常在星期五下午和员工们一起边喝咖啡边交流研究体会。在 3M 公司，任何员工都可以随时以任何方式向各级管理人员反映问题，提出自己的想法甚至批评意见，管理人员总是给予积极的回应。正是这种人性的尊重，极大地调动起员工参与创新的热情和积极性。

9.4.3　鼓励尝试、宽容失败

3M 公司始终保持着它锐意创新的精神，总是比其他公司更快、更多地开发出新产品，这与公司鼓励员工进行大胆的试验和冒险，同时又能够容忍失败的宽松的企业氛围密不可分。不断的“失败—成功”就是 3M 公司的历史。3M 公司的五位创立者中，有医生、律师、肉制品销售经理和铁路行政官员，他们合作开矿采掘金刚砂。但采掘出来的却是无甚价值的矿砂，后来发现，矿砂可以制造砂纸，从此产品创新和行业拓展之路一发而不可收，鼓励探索、宽容失败的文化也就此奠基。3M 公司的精神之父、前董事长兼总经理威廉·麦克奈特说：“我认为在发生错误时，如果管理者独断专行，过于苛责，只会扼杀人们的积极性。只有容忍错误，才能够进行革新。”3M 公司深知，创新往往不是刻意追求或计划出来的，创新充满着不确定性、意外性和各种风险，但是对企业来说，不创新的风险更大、更严重。创新设想就像青蛙生出的卵，孵化一千个，可能只有一两个能够长大成熟。为了获得创新的成功，必须尝试成千上万种新产品的构思和创新行为。因此，3M 公司绝不随便扼杀任何新的构想，公司管理者都懂得“把嘴巴闭起来，把手放在口袋里”，充分授权并相信员工，千方百计鼓励和支持员工的创新行动，宽容对待创新中的挫折和失败，因为“如果你不犯错，那么你可能并没有在做任何事情”。事实证明，正是许多所谓的“错误”成就了3M公司成功的产品。

9.4.4 开展竞争、倡导合作

3M公司的价值观既强调“个人主观能动性”，又强调“合作小组”，并把两者有机统一起来，使员工个人的才智能够充分展现，集体智慧也能发挥得淋漓尽致。一方面，公司尊重个人的独立性，注重培养那些特立独行的“创新斗士”“产品斗士”，保护他们的创新激情，容忍他们的偏执行为，奖励他们的创新成果。另一方面，公司提倡各部门之间的通力合作和团队创新。为了创新，员工可以自由组织新项目开拓团队或项目工作组，公司也会赋予这些创新团队高度的自主权，并支持他们坚持到底。

第10章　3M公司创新人才培养

3M公司所有的创新活动，包括产品创新、技术创新、管理创新等，都是由员工完成的，因而3M公司有一整套行之有效的人力资源管理体制可以吸引、留住和开发优秀的创新型人才，并激发他们不断创新。对于一个以知识创新为生存依托的公司而言，3M公司认为，有强烈的创新意识和创新精神的员工是实现公司价值的最大资源，是3M公司赖以达到目标的主要工具。

10.1　为员工提供多种培训计划

3M公司将招聘视为马拉松赛场的起跑线，认为招聘是人才进入企业的关键第一步。在招聘过程中，3M公司会从文化契合度、工作背景、员工理念等方面进行考察，并通过跨部门面试来确保新员工符合企业的要求。

为了留住优秀的员工，3M公司除了为员工提供有市场竞争力的薪资，关心和尊重员工，为其提供基本技能训练、创造良好的工作环境之外，最重要的就是注重员工的事业前程，通过不断给员工提供发展的机会来留住员工。3M公司若发现员工的长处，在人力资源部门和主管的努力下，总是让合适的员工在合适的工作岗位从事合适的工作，人力资源部门和主管以及员工一起制订个人职业发展计划，为员工提供各种能力发展培训计划。在3M公司，一个员工只要让他的主管相信，他是有意在公司长久工作的，公司对其进行培训所投入的资金将是不遗余力的。在某些公司，一些主管对下属进行培训的时候，也许会担心下属能力超过自己，因而是“教七分，留三分”，但是在3M公司企业文化的熏陶下，主管总是担心新进员工学得不够快，毫无保留地把其当成最有潜力的员工来培训，不断提升员工的能力。正是这样的人力资源管理制度，3M公司培养了员工对于公司的高忠诚度，留住了优秀的员工。大多数高级管理人员在3M公司工作的时间超过25年，经理和专业人员的跳槽率每年平均不到4%，大大低于同行业平均水平。

10.2 实行双阶梯制人才发展模式

3M公司尊重个人的尊严与价值，提供尝试挑战自我潜能的职位，无论出身、学历、经历及能力，毫无偏见给予每个员工机会。当员工进入3M公司之后，在人员的发展上，以内部晋升为主，公司会竭尽所能，把合适的人才尽快提升到合适的岗位上。3M公司一直强调要“人尽其才”，公司为员工提供了具有挑战性的工作环境及平等的发展机会。

在传统亚洲文化中，人们会希望从个人贡献者变成团队管理者，但是在3M公司的理念中，人的特点是不一样的。有些人能独立完成工作并获得非常优秀的绩效，但是他并不是一个合适的团队管理者。在3M公司，除了进入管理层，员工还可以选择走技术发展路线，有机会获得与管理路线同等的名誉、职位、福利和竞争力。技术路线的最高职位是企业科学家，与公司总监同级。3M公司的这种双阶梯制发展让人才拥有更多的发展路径。除了管理通道，3M公司也聚集了非常多的技术型人才，他们可以选择走专家型的发展道路，如某个领域的研发工程师、技术专家等。这些专家不带团队，但仍可晋升到与总监相当的级别。双阶梯制人才发展模式在一般企业中都存在，但真正做得非常完善的还比较少，尤其是在亚洲文化的背景中，因为带团队的需求在人员发展中更为员工所重视。但在3M公司进入中国的第一天起，就不断强调双阶梯制对员工发展的重要性，并被越来越多的员工所认可。在3M公司，也有一些担任管理岗位的人员会转向技术岗位。这一举措，让3M公司人员的流动率常年低于市场平均值。

10.3　激发员工创新热情

3M公司的奖励制度，不论是对整个创新小组或个人，都有鼓励作用。当他们的产品发展计划越过重重障碍有所成就的时候，小组里每位成员都会因此获得晋升。3M公司颁发“金阶奖”给在销售利润上有极大贡献的研究小组，小组成员的地位与报酬会因产品的成长与否、成长状态变化而改变，而支援这些小组促使其成长的管理人员也会获得应有的地位与报酬。3M公司还设有在技术上有重大贡献的颁给员工的“卡尔顿奖”，这个奖设立于1963年，以纪念在1949年到1953年担任第五代总裁的卡尔顿。卡尔顿曾任研究开发部首任副总裁，并确立了3M公司科学技术的基础。从员工推荐的科学与技术发明中，根据其对公司的贡献、开创性来决定奖励人选，每年约有2～3名受奖人。他们因为获得这项可称为3M诺贝尔奖的“卡尔顿奖”而成为卡尔顿协会的名誉会员，他们的名字将永远活在3M全体员工的心中。此外，以研究中心为对象而设立的“优秀技术奖”是由各研究中心推荐前一年研究成果最佳的研究项目，送交总公司评选颁发。获颁此奖的研究人员可获得“技术杰出奖”，和管理级人员一样，可在周末享用3M公司的诺马克度假中心。

3M公司在人才成长的不同阶段给予员工相应的激励和奖励，尽早发现内部的高潜力人才，并给予他们发展的机会。3M公司尊重个人权利，经常与员工进行坦率的交流。主管和经理要对手下员工的表现与发展负责。公司会定期查看目前每个层级、梯队中人才的情况并做出合理安排，如3%的高绩效人员中，哪些可以参与全球的项目，10%～20%的高潜力人才又有哪些发展项目，依次类推。对于主管、经理层级的人员，公司会经常安排相关的领导力培训项目等。

除了工作范畴延伸带来的工作新鲜感，加强跨部门合作也让3M

公司的员工不断有机会开展新的尝试和适应新的变化。3M公司很少有层级的禁锢，让员工能够有机会表达其创意，这种轻组织的形态帮助3M公司更专注聚焦于市场，随时集合不同专业背景的人，突破内部部门之间的障碍，围绕市场业务发展，根据项目组建研发、生产等多条线，实现跨事业部的合作。如3M公司的空气质量实验室，就是结合了不同业务部门的产品和技术解决方案，集结多个部门的人力资源齐心协力，为应对空气质量的议题成立的组织。

在3M公司内部，有多种平台和机会可以连接不同的人，如技术论坛、国际交流项目等。在创新的培育过程中，经验也是非常重要的，因此，3M公司需要由不同背景的员工来组成团队，大家集思广益，捕捉每一个创意的火花。

10.4 营造创新氛围

3M公司尊重个人的尊严和价值，鼓励员工各施所长，提供一个公平的、有挑战性的、没有偏见的、分工协作式的工作环境。为了让员工能更舒适地工作并激发其自主性，3M公司不遗余力地为员工营造舒适的工作环境、工作氛围。如邀请设计师来改造3M公司的办公室，3M公司在澳大利亚的办公室环境就体现和传递了3M公司深层的创意文化核心：墙面大型的人物插画代表3M公司辉煌的过去以及对前辈改革家与发明家的致敬；五个楼层分别绘制了不同的主题，大大小小的图形设计不仅丰富了空间视觉，带来强有力的视觉冲击，还娓娓述说着画面背后所蕴藏的一个个故事，历史、文化、产品、创新以及技术的变革都揉合在了插画艺术中，营造出一个独特的文化体验空间。

与此同时，3M公司也在积极创造一个与新生代连接的雇主品牌，以便贴近他们，吸引他们。3M公司是一个创新的公司，但这些创新是否是新生代喜欢的创新，取决于管理者能否发现并激发其主动性，如可以自由安排的工作环境、弹性的工作时间、工作中可以展示个性等。技术发展会让工作的场所不再固定；在工作时间利用新技术连接更多员工，使工作时间更加灵活。3M公司的企业文化、薪酬福利、弹性的工作时间等，都为员工创造了更加融洽的工作氛围。公司还有针对女性的发展计划，在女性怀孕、生子、育儿等关键时刻帮助女性员工更好地过渡和发展，实现员工性别的多元化。3M公司的这些理念，也让3M公司持续荣获“最佳工作场所”的称号。

10.5 以知识共享平台促进人才培养

为了能让员工彼此合作，鼓励知识和技术的分享和互融，3M公司建立了一个知识共享的平台——技术论坛。目前，3M公司技术论坛的全球成员已超过1万名。技术论坛在3M公司是一个具有管理框架的大型志愿者组织，下设分会、委员会，每天都举办各种活动。其中，分会主要讨论技术问题，包括物理分会、生活科学分会和产品设计分会。技术论坛委员会负责组织各种活动、教育和交流事务。3M技术论坛为研发人员提供了一个跨界交流和沟通的平台，在这种环境中员工与其他部门的人自由组合，同时与他人分享自己的研究和发明。在技术论坛上，当一个人介绍自己的发明思路时，别的同事会不时指出这个缺点、那个错误，大家的思想不断碰撞交流，有的甚至建议把这个技术融合到自己的项目中。

技术论坛连接了员工与员工、区域与全球的分享与交流，网罗发生在3M公司不同角落里的创新想法。3M公司研究人员、市场开发人员与销售人员的关系就像年轻人自由组合的舞蹈，三方可以随时交流技术难题和解决方案。3M公司的集体协作气氛、经常性联络制度和员工的主动精神，意味着交流可以在不经意间发生，员工会出乎意料地把信息和主张汇集在一起，国内外同行间的长期友谊，加上通达的组织关系，成为关键信息来源的重要路径。3M公司每天都会产生各种各样的新思想和新技术，让大家聚在一起通常会产生意想不到的效果。员工在这些相互信任的气氛中交流受益无穷。在这种环境中，员工可以与其他部门的人自由组合，同时每个人都愿意与他人共享自己所掌握的信息与知识。

第3篇　企业“双创”探索与实践

第 11 章　企业“双创”探索与实践

企业作为经济活动的基本单元，是技术创新活动的主体，是实现科技与经济紧密结合的有效载体。近年来，在我国创新性产业集群的形成过程中，企业一直发挥着主要作用。企业主动顺应时代发展潮流，积极响应国家“大众创业万众创新”的号召。在国家政策的大力支持下，企业已成为“大众创业万众创新”的重要载体，是最具创新活力的群体，积累了丰富的“双创”成功经验。

11.1　中国宝武：探索“双创”容错纠错机制，促进科技成果转移转化

中国宝武钢铁集团有限公司（以下简称中国宝武）以“成为全球钢铁业引领者”为愿景，以“共建高质量钢铁生态圈”为使命，打造以绿色精品智慧的钢铁制造业为基础，新材料产业、贸易物流业、工业服务业、城市服务业、产业金融业等相关产业协同发展的格局。中国宝武深入实施创新驱动发展战略，全面落实国家大众创业万众创新的工作部署，作为国有资本投资公司试点企业，高度重视“双创”示范基地建设工作方案的推进，注重顶层设计，搭建“双创”公共服务平台，多项举措并举，取得了显著的成效。

11.1.1　积极探索“双创”协同模式，建成三层融合创新体系

通过产业资源优化改造、转型升级，初步形成了以“双创”园区为基础，以金融赋能为支撑、以机制创新为驱动的“双创”特色服务，为社会创业创新提供全方位、多元化的“园区基地＋创投基金＋孵化器”“双创”服务。以吴淞口创业园为例，其依托中国宝武

技术和产业资源优势，努力探索具有产业特色的专业化众创空间建设，既以传统产业资源扶持新兴产业、创新创业，又以新兴产业技术来助推传统产业转型升级，促进大中小微企业的融通发展，促进传统产业和新兴产业的协同发展。同时对接社会创投资本，为集团员工和社会创客提供双创服务，建成“平台层—孵化层—应用层”三层融合的具有中国宝武特色的创新创业孵化体系，形成宝武经验和模式。

在平台层方面，依托集团技术和产业资源，建立新材料技术平台、储能技术平台、智慧制造技术平台三大创新共享技术平台。平台拥有高分辨率透射电镜和电池材料处理设备等大量仪器设备，可为企业提供从实验研究、中试到生产所需的研发设计、检验检测认证、科技咨询、技术标准、成果转化等全流程服务。

在孵化层方面，建立“管理团队—第三方服务机构—创业导师”三级服务体系，提供全方位孵化服务，为入驻企业及团队提供工商财税、知识产权、法律咨询、投融资、技术转移等专业服务。

在应用层方面，开展产业资源对接，促进“产学研创”合作。在众创空间入孵项目中，三分之二以上的项目与中国宝武有技术交流，三分之一以上的项目与中国宝武建立合作关系。吴淞口创业园广泛开展与跨国公司、知名院校、服务机构的合作，联合打造孵化基地和技术转移平台，促进产学研创合作和技术成果转化。

11.1.2 积极探索“双创”容错纠错机制，允许试错宽容失败

消除内部创业顾虑，实施创新成果转化、考核激励措施等，培育“双创”基因土壤。中国宝武严格执行和宣贯《中华人民共和国促进科技成果转化法》，在科技成果转化过程中，单位领导在履行勤勉尽责义务、没有牟取非法利益的前提下，免除其在科技成果定价中因科技成果转化后续价值变化产生的决策责任。出台《关于实施科技成果转化利润分享计划的指导意见》，按“分享收益总额与创造新增效益同向增长”的原则，加速转换科技成果，为“双创”注入

更多活力。

11.1.3 注重整合内外部资金，充分发挥产业龙头优势

中国宝武联合 WL 罗斯有限责任公司、中美绿色基金、招商局集团三家具有丰富行业重组经验、全球资源配置能力和强大金融物流资源的合作伙伴，共同组建中国第一支钢铁产业结构调整基金——四源合钢铁产业结构调整基金（以下简称四源合基金），基金规模达 400 亿～800 亿元。四源合基金致力于通过市场化的方式、专业化的运作、全球化资源嫁接，助力中国钢铁行业去除过剩产能，提高产业集中度，推动新型国际产能合作，从而有效释放行业存量资产资源并优化高效配置。四源合基金与重庆战略性新兴产业股权投资基金在重庆合资设立“重庆长寿钢铁有限公司”，作为投资方参与重整重庆钢铁股份有限公司股份，2018 年扭亏为盈，实现净利润 17.88 亿元。

11.1.4 成立“双创”成果孵化器，促进科技成果转移转化

中国宝武聚焦新材料和智能制造领域，发挥新材料、储能、智慧制造等技术平台的作用，着力培育“创客空间＋专业服务＋投资基金＋技术平台”全要素创新创业生态，广泛开展与跨国公司、知名院校、服务机构的合作，与中国科学院上海产业技术创新与育成中心、中物院中物科技园、国家技术转移东部中心、上海股权托管交易中心等签署战略合作协议，联合打造孵化基地和技术转移平台；与麻省理工学院、新加坡南洋理工大学、上海交通大学、复旦大学等名校进行合作交流；与上海市欧美同学会金融分会在第五届上海国际技术进出口交易会上共同举办了首届海创论坛。

中国宝武以众创空间为载体开放央企资源，扶持社会“双创”，成立 Wesocool 孵化器，体现央企社会责任；打造专业化众创空间，形成孵化器品牌，专注于硬科技，服务实体经济；集聚初创企业，为公司新一轮规划发展的新兴产业开展选苗育林；促进产学研创合

作，为传统产业的技术进步和转型升级汇聚创客智慧，为园区开发、产业集聚营造良好生态。

11.1.5 营造“双创”氛围，鼓励内部创新创业

在培养双高职工队伍方面，中国宝武大力营造“双创”氛围、提升职工队伍的素质和技能，做到整合、融合、化合、创新先行。积极组织一线职工参加职工科技节、省部级各类奖项评选，一批优秀岗位工人和创新成果脱颖而出：举办以“众创·智造·未来”为主题的“中国宝武员工创新活动日”，员工创新活动日已成为中国宝武蓝领创新者们的盛大节日；与费斯托有限公司揭牌成立“智能制造技术联合训练中心”，设立“智能制造技术应用攻关创新工作室”。以赛促学、以赛促训、以赛促融，2018 年组织开展了中国宝武首届职工技能大赛。以需求为导向，有序实施技能人才培养。深化企校合作“双元制”培养模式，启动“新型学徒制”试点工作；精心策划与组织实施技能大师训练营培训，分层设计组织与实施“未来工匠训练营”“银蓝领”和“金蓝领”研修，累计培训骨干人才 128 人次；深入持续推进职工岗位创新，举办创新能力培训、创新工作室负责人研修；有序推进智能装备应用与维护人才培养课程体系建设、课程开发和高技能人才培养基地建设，全年获得各类政府资助近 500 万元。

11.2 招商局：支持在岗创新待岗创业，打造中央企业员工“双创”机制范本

激发中央企业内部员工创新创业活力既是推动招商局集团有限公司（以下简称招商局）产业转型升级的突破口，也是发现和培养创新人才的重要路径。为鼓励和支持员工创新创业，招商局陆续出台《招商局集团员工“双创”基金管理办法（试行）》，切实解决中央企业内部员工不能创、不愿创和不会创的问题。招商局提出“在

岗创新、待岗创业”的理念和配套举措，发起设立 3 000 万元集团员工“双创”基金，从集团层面进一步加大内部员工创业项目支持力度。

11.2.1　夯实创新体制机制保障，释放“双创”活力源泉

制度创新是招商局“双创”工作的突出特色，更是释放集团“双创”活力的源泉。2010 年以来，招商局围绕加大创新投入、健全容错机制、优化考核激励、完善分配机制、倡导内部“双创”等重点方向，先后出台《招商局集团关于促进创新工作的指导意见》《招商局集团创新专项基金管理办法》《招商局集团关于加大科技研发投入的通知》《招商局集团关于实施“产业＋互联网”行动方案、推动产业生态圈发展的指导意见》《招商局集团关于加快“双创”示范基地建设的指导意见》《招商局集团员工在岗创新待岗创业管理办法（试行）》《招商局集团员工“双创”基金管理办法（试行）》《招商局集团关于进一步加大集团科技研发投入的通知》《关于进一步推动集团创新工作有关举措的通知》等 12 项推动集团创新工作的有关制度，协调解决制约集团“双创”工作的体制机制障碍，为集团“双创”工作奠定了坚实基础。

11.2.2　探索构建员工“双创”机制，激发内部员工“双创”活力

激发内部员工创新创业活力既是推动集团产业转型升级的突破口，也是发现和培养创新人才的重要路径。为切实解决集团内部员工不能创、不愿创和不会创的问题，招商局提出“在岗创新、待岗创业”的理念和配套举措，设立 3 000 万元集团员工“双创”基金，从集团层面进一步加大内部员工创业项目支持力度。

“在岗创新”是支持有创新能力的员工利用一定比例的工作时间开展与公司业务相关的创新活动，并鼓励所在公司给予在岗创新员工导师、资金、技术、资源等各项服务支持。同时，建立健全创新

容错机制，对未达到预期效果的在岗创新员工不做负面评价，不影响考核结果，不影响薪酬福利，不影响提拔使用。

“待岗创业”是鼓励创新能力强、有创业意愿的内部员工在一定期间内进入内外部“双创”平台开展创新创业活动。为打消内部员工创业顾虑，更好地开展待岗创业，集团在机制设计上提供了三项保障。第一，建立回岗保障机制，即允许待岗创业人员在三年内返回原工作单位工作，并给予与原岗位待遇相当的工作岗位；第二，提供创业补助，即按原政策及标准为待岗创业员工缴交6个月的社会保险、住房公积金、企业年金及补充医保计划；第三，起步资金支持，即对进入集团内部“双创”平台孵化的项目，给予不超过100万元的起步资金和6个月免费孵化支持。

11.2.3 建立创新容错机制，完善“双创”约束激励机制

创新容错是集团创新工作可持续发展的保障。集团围绕创新容错进行了一系列的制度创新，主要包括四个方面：一是出台鼓励下属企业持续加大科研投入的激励制度，对经集团认定的科研投入视同考核利润，并在当年下属企业考核中予以加回；二是建立创新考核“容忍期”，在三年内，不将新设创新企业列入集团扭亏压减考核范围；三是组建统一的互联网投资管理平台——招商创投，通过整体投资组合收益，减小单一项目投资失败的影响，并创新激励约束机制，将创业团队、产业公司和基金管理团队三方利益绑在一起，避免失职或投机行为；四是加大创新项目投资授权，对列入年度科研投入预算的创新项目实施投资备案管理机制，并建立创新项目“绿色审批机制”，赋予创新一线团队更大的自主决策权限。

11.2.4 完善内外部“双创”孵化平台，促进“双创”成果转移转化

早在20世纪80年代末，招商局就在深圳蛇口与国家科学技术部联合建设了国内第一个从事创新创业服务的产业园区——火炬创

业园，并逐步形成了以“蛇口网谷”为代表的多个区域“双创”“高地”。针对“双创”孵化平台向专业化、垂直化发展的趋势，招商局一方面依托自身产业培育优势，通过引入内外部龙头企业，集聚了一批围绕龙头企业产业链、创新链的中小微“双创”企业。另一方面，招商局围绕自身核心产业的数字化转型工作，建立了聚焦互联网投资的天使投资孵化平台——招商启航。

11.2.5　探索离岸孵化基地建设，积极拓展海外市场

招商局围绕粤港澳大湾区和香港国际科创中心建设要求，充分发挥驻港央企优势，积极与中央人民政府驻香港特别行政区联络办公室（简称中联办）、深圳市前海管理局、香港科技大学等高校，以及香港联合出版集团有限公司等驻港企业沟通联系，共同研究探讨将“双创”引入香港的契机和方式。一方面，招商局聚焦香港及海外青年创客，通过创意展示、资本合作、工位互换等多种方式，共同推动深港离岸孵化平台建设；另一方面，招商局通过与悉尼科技大学合作建设海外学生实习基地和数据创新孵化器，共同推动海外创业项目在国内的落地。同时，集团下属招商局蛇口工业区控股股份有限公司积极引入清华启迪创业孵化器、香港全球峰集团等专业化孵化平台，利用其丰富的全球资源，积极为海外创业团队对接项目资源，协助国内创业团队开拓海外市场。此外，招商局建立了招商局科技创新发展研究院美国硅谷工作站和以色列工作站等海外孵化服务机构，积极为国内创业团队对接海外项目资源。

招商局通过支持在岗创新待岗创业，打造央企员工“双创”机制范本，极大地激发了创业热情，推动创兴成果产业化。以集团下属招商局重庆交通科研设计院有限公司为例，政策实施以来，公司以龙脊交通科技创新创业空间和各类科技研发平台为依托，引入在岗创新项目 271 项、专岗创新项目 95 项、外部委托创新项目 71 项，极大地激发了公司科技研发人员的创新热情，并实现了部分创新成果的产业化转化。此外，集团下属企业充分发挥创新领军人物在推

动创新工作中的重要作用，以院士工作室、劳模创新工作站为载体，大力提升基层单位“在岗创新”成效。例如，漳州码头黄景图劳模创新工作室自成立以来，已累计实施各类创新项目332项，每年为公司节省运营成本近千万元。

招商局成功吸引了核心资源入驻，不断加强企业间战略合作。待岗创业方面，以招商局首个“待岗创业”项目——招商物业壹家仓项目为例，该项目已与腾讯、彩生活、中信物业等数十家公司签订战略合作协议，并获得和升实业有限公司2 000万元A轮融资，项目估值达1.3亿元。目前，壹家仓项目已完成500个物业小区网点建设，并将以“合伙创业”的方式直接解决1 000人就业。与此同时，壹家仓项目与招商局其他产业相关度高。在集团支持下，项目团队以招商蛇口、招商物业为核心产业资源导入，快速完成了产品和商业模式的验证，并在形成跨区域产品复制能力的同时，相继与招商银行就清分结算、资金管理达成合作意向；与招商食品就供应链合作开展对接；与中国国际海运集装箱（集团）股份有限公司就冷链智能柜生产达成合作意向。

11.3 中国科学院上海微系统所：推进产学研一体化，打造三位一体协同创新

中国科学院上海微系统与信息技术研究所（简称上海微系统所）原名中国科学院上海冶金研究所，于2001年8月完成更名。上海微系统所始终围绕国家战略需求，调整科研布局，发挥了对国民经济建设的骨干引领作用。为进一步推进研发和功能性平台的建设工作，上海微系统所与工业技术研究院（简称工研院）及上海新微科技集团有限公司（简称新微集团）三方合作，联手打造了“三位一体”的协同创新体系，即上海微系统所以其技术优势和研发力量提供智力支持，新微集团聚焦产业孵化和资本运作两个方面，以工研院为市场主体，三方携手将工研院打造成为工艺研发平台、设计服务平

台与工程测试平台。

11.3.1 借助优势筑巢引凤，加大高端人才引进

上海微系统所结合上海市地域特点、国立科研机构和高技术企业优势，通过上海微系统所、工研院、新微集团和产业公司等多方平台吸引“双创”人才加盟，引才与引智并举，构建良好“双创”“生态环境”，发挥国家“千人计划”、中国科学院（简称中科院）“百人计划”和“上海千人计划”等各类人才项目的吸引作用，集聚“双创”人才。与先进国家、地区的科研机构、高校和企业建立科研合作关系，同时做好国际引智工作，聘请顶级科学家或一流管理人才担任特聘顾问。支持企业高管和研发人员到研究所任兼职研究员或副研究员，打通科研走向应用的渠道。

上海微系统所着力推进高层次人才协同创新模式，上海微系统所与协同创新企业采用专家互聘、联合培养研究生和博士后等方式开展产学研合作。成立“微系统所人才联谊会”，活跃创新氛围，促进交流合作；聘请上海微系统所协同创新企业的 7 位专家以及 4 位 CEO 为该所兼职研究员，同时，与协同创新企业联合引进海外高层次人才，以双聘方式协同开展研发工作，强强联合，努力打通科研和产业之间的通道。

11.3.2 创业创新多措并举，加强“双创”人才流动

上海微系统所通过保留事业编制全职或兼职到该所协同创新企业任职、在岗或离岗创业等多种方式，鼓励研究所科研人员创新创业，从事科技成果转化与技术攻关。鼓励青年科研骨干参加国内外专业培训、国际学术会议与交流活动，开阔视野，促进人才成长。通过中国科学院上海分院国家级专业技术人员继续教育基地和上海市物联网高技能人才培训基地，整合研究所和协同创新企业资源，组织各类面向“双创”培训项目。

上海微系统所鼓励研究生参加“双创”活动，开展“研究生创

新创业系列课程”，邀请创业人士来所讲座，畅谈创业历程和经验，分享创业准备期的市场分析、计划制订、团队组织、投资申请以及对创业前景和困难因素的预判等。鼓励研究生就业加入创业团队，给高科技创业团队加入新鲜血液，有利于人才的迅速成长。

11.3.3 制定配套政策护航，推动科研成果转移转化

上海微系统所按照国家最新的人才政策，修订《关于研究所工作人员在企业任职及个人创业的管理办法》，鼓励科研人员带科技成果到企业任职和创业。科技成果转化所取得的收益进入研究所专门账户，进行统一核算和统一管理。一是现金奖励，采用技术转让和技术使用许可方式取得的收益，拿出70%净收益奖励给科研团队，另外30%列入研究所成果转化运营资金。对于在转换过程中做出重要贡献的管理人员，将提取10%净收益予以奖励。二是股权奖励，以科技成果作价入股实施成果转化的，从该项科技成果形成的股份或者出资比例中提取50%奖励给科研团队；或在股份退出取得净收益时，参照现金奖励的比例对科技成果转化做出贡献的人员进行奖励。

通过上海微系统所、新微集团和工研院三位一体的协同创新体系，综合各种人才优势，集聚技术、管理、资本、运营等综合性双创人才。不断探索协同创新模式，采用专家互聘、科研骨干到企业兼职兼薪、合作研发、联合培养研究生、先进实验平台共享等方式开展产学研合作，建立产学研一体化团队，实现成果转化，打造专业化、国际化、网络化、规模化的创新创业集群。

一是成功孵化一批高科技企业。在“三位一体”协同创新体系框架下，上海微系统所成功孵化一批高新技术企业，其中包括上海瀚讯信息技术股份有限公司（简称上海瀚讯）。作为一家向行业用户提供宽带移动通信系统的整体解决方案的公司，上海瀚讯技术基础缘于中科院知识创新工程中布局的现代通信技术，近年来中科院战略先导项目及STS等项目为公司后续发展提供了创新原动力。目前

上海瀚讯已在深圳证券交易所举行上市敲钟仪式，成为中科院塑造高科技企业的又一个成功案例。此外，上海微系统所还成功孵化了江苏尚飞光电科技有限公司和上海硅产业集团股份有限公司，这两家企业在公共安检和集成电路材料等领域处于领先地位。

二是成立专业化创新中心。由上海微技术工业研究院牵头，联合中电海康集团有限公司、上海国际汽车城、格科微电子（上海）有限公司等行业骨干企业成功组建国家智能传感器创新中心。该创新中心采用“公司＋联盟”的方式，通过构建产业生态圈，面向国内物联网/传感器设计、材料、制造、设备、封装、测试等产业链上的大中小型企业提供领先的研发和技术服务平台。此外，基于上海微系统所“双创”基地的传感器研究基础，以“三位一体”协同创新体系为特色，以上海微系统所为依托主体、新微创源孵化器为建设主体，上海微系统所成功获批“传感器国家专业化众创空间”示范单位。

11.4　浪潮集团：推进大数据“双创”工作，打造大数据产业生态链

浪潮集团有限公司（简称浪潮集团）是中国本土综合实力强大的大型 IT 企业之一，是国内领先的云计算领导厂商，先进的信息科技产品与解决方案服务商。浪潮集团凭借高端服务器、海量存储、云操作系统、信息安全技术为客户打造领先的云计算基础架构平台，基于浪潮集团政务、企业、行业信息化软件、终端产品和解决方案，全面支撑智慧政府、企业云、垂直行业云建设。多年来，浪潮集团始终以超前的技术和独特的软硬件综合实力，在中国 IT 品牌中独树一帜，并在信息产业发展的关键阶段，引领中国信息产业的发展。

浪潮集团以“数据”为核心，开放在数据、技术、平台等各方面优势资源，提出“公司＋创客”的大数据“双创”产业模型，通过建设运营大数据“双创”中心、天元数据网、数据所、大数据

"双创"孵化平台等措施，积极打造大数据上下游生态链，开展大数据"双创"工作。

11.4.1 大数据助推产业发展，打造区域经济生态

浪潮集团在搭建"双创"基地过程中，以济南及其他区域大数据产业发展需求为导向，以带动区域大数据产业发展为目标，主要围绕区域特色产业大数据的"理、通、聚、用"四个关键环节开展平台建设工作，最终实现利用大数据技术发展传统产业、传统产业数据化实现大数据产业的目的。

浪潮集团以帮助推进济南市数字经济建设为核心，依托自身在大数据领域的资源、技术优势以及企业服务平台优势，重点以济南市特色产业数据为基础，通过"理、通、聚、用"四个环节的业务模型开展济南市大数据产业的创新建设，从"数字化—平台化—智能化"三个阶段为济南市各类产业赋能，真正实现产业的转型升级，带动济南市经济发展。

浪潮集团依据产业需求，采集梳理数据，制定数据目录和数据标准。

一是梳理数据目录。依托浪潮集团大数据实时采集数据的手段和技术，通过集成济南市各类产业的海量数据信息，孵化济南市本地企业及引进相关大数据企业，将数据量庞大、数据结构混乱的大数据进行统一标注和管理，建立数据之间的相关性，形成数据资源统一调配的各产业数据目录。

二是制定数据标准。结合各产业基本情况、分类结构，建立统一的数据标准，规定各类数据的采集、加工、管理、共享、发布的标准和规范，使各种分散采集的数据可以转化为可管理、可共享、内容丰富、使用方便的信息，如数据命名标准、数据库标准、数据表标准、元数据标准、数据管理规范、数据接口、安全质量管理规范等。

三是推动数据开放，打通产业数据库。依据各产业数据库目录，

以目录数据为主要突破点，打通影响产业发展的关键数据库，包含政府数据、企业数据，环保、医疗、农业等各产业相关数据库。加强济南市政府数据开放，建设统一的大数据共享平台，依托浪潮集团政府数据运营能力，将政府数据完成清洗、脱敏、加工后，在共享平台完成开放，融合到统一的产业大数据库。针对各产业数据构建互通省际、下达企业的信息互联网络，建立各类可开放数据的对接机制，同时推进政府各部门信息资源共享，开放农业、医疗、商贸物流、金融、海关、水电等数据，提升政府掌握的产业大数据对当地企业的服务能力，促进行业信息与公共服务信息有效对接。

11.4.2　推动大数据流通交易，充分释放大数据价值

依托济南市产业大数据库，以浪潮集团数据流通与交易平台为基础，搭建济南市大数据流通与交易平台，实现各产业大数据的流通与交易，通过数据资源的供需调配，盘活静态大数据资源。通过对资源库内数据整理及分类，将数据转化为数据产品进行上架销售，实现数据资源变现，进而促进济南市产业大数据资源池容量的不断扩大。

浪潮集团通过数据资源的流通与交易，释放数据价值，通过政府政策指引及本地化孵化，聚集大数据采集及应用型企业，形成各产业大数据流通与交易上下游产业链。以“数据交易”带动“数据应用”，孵化更多的大数据企业，服务本地化特色产业。

浪潮集团以济南市大数据产业创新中心为依托，围绕济南市当地特色产业，将浪潮大数据资源和技术与济南市已有的基础产业环境相结合。鼓励 A 创客，包括初创型企业、创业者、传统行业企业、传统 IT 企业利用产业大数据资源目录、数据库、数据交易平台等大数据平台，开展创新创业活动，探索在传统领域的深度应用，输出 API、数据集、特色数据报告、数据创新应用等创新成果，助力特色产业发展的转型升级。通过对各产业全流程数据化，实现济南市初创型企业发展，传统行业企业升级，传统 IT 企业转型，逐步推动大数据产业，形成聚集效应，释放各产业数据应用价值。

11.4.3 完善大数据金融服务，解决企业融资难题

基于多年政府数据项目经验及专业的金融服务经验，浪潮集团提出金融服务“一贷通”解决方案。“一贷通”为中小微企业与金融机构搭建了高效便利的服务渠道，通过助力中小微企业发展，提升区域经济发展活力，是普惠金融精神的精准落实与成功实践。

借助“一贷通”普惠金融服务平台，轻资产小微企业从无抵压物无法贷款到实现纯信用贷款，解决了融资的燃眉之急。目前多地市合作银行已通过平台向小微企业累计放贷逾230亿元，放款周期由原来的2～3个月缩短到3分钟。在促进小微企业和创客发展方面，“一贷通”减少了企业在贷款时的奔波之苦和贷款资料收集准备的繁杂手续，降低了贷款全周期的时间成本和经济成本。

在促进金融机构转型升级方面，“一贷通”既减少了银行尽调工作的成本投入，提高了放贷效率，又通过对贷前、贷中、贷后的全流程风险管理，大大降低了贷款风险和坏账率。在促进区域社会经济发展方面，“一贷通”有助于改变区域范围内的资金支持格局，助力小微企业解决融资困境，进而释放区域经济活力；“一贷通”有助于创造区域范围内的良好信用环境，完善区域社会信用体系；“一贷通”有助于促进大众创业创新，缓解就业问题，加快产业结构优化升级，从而对区域经济社会发展产生积极影响。

2018年，浪潮集团与济南市政府签署战略合作协议，联合成立山东天元大数据科技有限公司，基于数据共同进行运营，双方合作搭建了中小微企业和创新创业线上金融服务平台。该平台基于大数据技术对互联网数据和政府数据进行挖掘分析，构建了企业大数据信用体系，实现了轻资产小微企业从无抵压物无法贷款到实现纯信用贷款，解决了融资的燃眉之急。自上线以来，“一贷通”平台已与齐鲁银行、民生银行、浦发银行、渤海银行、天津银行等合作，采用“大数据＋O2O”的放贷模式，目前已帮助银行成功授信3.2亿元，放款2 000余户，共计放款2亿元。

此外，浪潮集团引入济南市经济和信息化委员会（简称济南市经信委）中小企业公共服务中心，为“一贷通”业务提供风险资金及转贷引导基金。浪潮集团与齐鲁银行成立金融科技联合创新实验室，围绕小微企业、个人信贷等业务，利用云计算、大数据、人工智能、区块链等前沿核心技术在金融领域展开深入研究，合作推出金融产品。

11.5　中国电科：实施科技成果转化激励

中国电子科技集团有限公司（简称中国电科）是以原信息产业部直属电子研究院所和高科技企业为基础组建而成的国有大型企业集团，主要从事国家重要军民用大型电子信息系统的工程建设，重大装备、通信与电子设备、软件和关键元器件的研制生产。中国电科在全系统推进创新创业工作，不断加强体制机制创新，并于 2016 年在第 38 所等部分单位开展试点，率先探索实施科技成果转化作价投资，进行核心团队激励。

中国电科始终贯彻落实新发展理念，深入实施创新驱动发展战略，扎实推动“双创”工作开展，取得了一大批标志性成果和重大创新。中国电科 2017 年被正式纳入国家第二批“双创”示范基地，坚持创新、协调、绿色、开放、共享的新发展理念，确定了“建平台、拓渠道、享资源、活成果、引人才、创机制”的六大建设任务，着力打造发展新引擎，培育发展新动能。

11.5.1　聚焦关键科技短板，组建核心科研团队

中国电科第 38 所从美国引进武帅博士作为安徽省首批“百人计划”入选者，组建了一支太赫兹研发团队，在我国太赫兹整体研发水平落后、从元器件到系统技术都被国外垄断的艰难背景下，基于军用太赫兹探测技术，着力开展太赫兹科技创新及技术难题攻关，克服了太赫兹安检仪从概念到样机，再到产品的一系列基础性和工

程性技术难题，实现了被动式成像关键技术上的突破，自主研制出国内首台太赫兹人体安检系统，打破了国外垄断，实现了国产化太赫兹成像系统从无到有的跨越。

11.5.2 科技成果作价投资，确定核心团队激励政策

2016年，中国电科第38所将科技成果作价投资，成立混合所有制公司，明确界定了科研团队13名核心成员享受激励政策，采取“成果作价＋项目跟投＋基金奖励”相结合的股权激励机制，将科技成果评估价值按一定比例作价入股方式奖励给科研团队。同时，引入中国电科投资公司、合肥市创投基金等投资机构设立混合所有制公司——博微太赫兹信息科技有限公司（简称太赫兹公司）。太赫兹公司作为混合所有制试点，利用国家一系列支持创新创业的法律和政策，通过无形资产奖励和现金出资对赌，以及将奖励与业绩完成情况挂钩，以期实现对子集团的混合所有制激励和约束双向机制。

11.5.3 举办“熠星”创新创意大赛，探索“双创”资本对接新模式

为深入贯彻落实国家创新驱动发展战略，全面携手社会创新力量，构建开放、协同的创新体系，自2014年起，中国电科组织开展了“熠星”创新创意大赛，为广大创新创业者提供实现梦想的舞台，与投资者建立良好的合作与协同机制，共同推动电子信息产业发展和创新型国家建设。

“熠星”创新创意大赛是中国电科在“大众创业万众创新”新局面下，打造的电子创新舞台，为“创意—技术—产品—产业”搭建一条高速通道。大赛的举办理念是“助推创意，协同创新，产研结合，发展共赢”。“熠星”创新创意大赛通过对具有高成长性创意的引导和助推，发现并培育具有核心创新能力的高水平、高素质创业团队，提升创新能力和创业水平。通过搭建开放协同的创新环境，广泛汇聚创新人才与资源，在电子信息领域掀起创新创业高潮，为

建设创新型国家做出贡献。通过建立专业化的创意孵化平台，加快技术成果转化应用，促进知识产权共享，实现多方共赢。通过打造“百”名创意导师团队，对熠星大赛入围项目从专业技术、市场定位、商业模式等方面进行多维度、全过程辅导，帮助项目团队走向成熟。

中国电科作为高科技创新型企业，将创新基因融入血脉，不断加大创新的力度和速度，取得了良好成效。

一是极大调动员工创新积极性，不断开拓创新。科研团队在第一代太赫兹人体安检仪基础上继续深入研发，为不同的应用场景提供切实可行的解决方案。在轨道交通行业，产品在北京和上海共三个站点进行试用；在民航领域，在上海虹桥机场分层安检进行试用；在检查站领域，在内蒙古自治区、浙江省、北京市、河北省等多地试用；在展会方面，在银川市中国—阿拉伯国家博览会、合肥市中部投资贸易博览会、博鳌亚洲论坛、中国—亚欧安防博览会、首届央企创新成就展、迪拜安全和消防展会等进行展览和试用；在铁路行业，在长沙高铁站进行试用。太赫兹人体安检仪发挥了安全堡垒作用，突出表现频获好评。

二是应用示范项目推广到全国，延伸至多个领域。太赫兹人体安检系统问世后，为满足新疆各地公安检查站的需求，打造了以“太赫兹技术为核心的非接触式智能安检系统”应用示范项目，为守护国家“一带一路”桥头堡的安全做出了重要贡献。目前，太赫兹团队混合所有制模式在集团内部已形成了良好的示范效应，将逐步推广到智慧消防、物联网、智慧停车等近 10 个方向，预计涉及无形资产近 2 亿元，实施奖励达 5 000 万元左右。

11.6　航天科工：服务国家安全战略，聚焦实体产业发展能力

中国航天科工集团有限公司（以下简称“航天科工”）是从事

国家战略性产业的高科技、创新型企业。作为首批“双创”示范基地之一，航天科工充分发挥大企业优势，形成了“两条战线、两套打法、两个目标”的内外部“双创”推进模式，构建了线上与线下相结合的“双创”生态，并结合企业特色形成了行之有效的“双创”政策体系，大力支持内部员工“在岗创新、在职创业”，广泛引导和集聚社会“双创”资源。

11.6.1　将“双创”提升至战略层面，推动落细落小落实

一是统筹策划推进全年目标和重点任务圆满完成。航天科工“双创”工作重心在发动和营造氛围的基础上，向完善引导机制、提升“双创”项目质量、加强“双创”成果落地等方面转移。航天科工加强顶层策划与引导，制定年度“双创”工作要点，明确了坚持“自发与牵引相结合、需求牵引与技术驱动相结合”的工作思路，围绕推动“双创”成果落地、完善立体化“双创”服务体系、持续优化“双创”政策环境、进一步扩大示范带动效应、加强“双创”工作组织管理等5大方面，分解了25项重点任务并扎实推进，年度工作目标和重点任务圆满完成。

二是系统推动内部“双创”通过“三种出路”实现落地。围绕“三期三池”内部“双创”孵化模式，航天科工大力推动内部“双创”项目，以进入主流科研生产经营环节、进入企业经营环节或向社会出售等“三种出路”实现落地。2018年航天科工共新增内部“双创”项目467个；推动108个内部“双创”项目实现落地，其中，18个项目进入产品池；1个项目成立小微公司；18个项目荣获省部级以上奖励（含2个进入产品池的项目）；39个项目在主流科研生产中得到应用；5个项目获得投资方资金支持；29个创新产品成果实现销售（含1个进入产品池的项目、1个获得省部级以上奖励的项目）；2个“双创”项目成果实现向其他社会主体授权制造或出售。截至目前，航天科工已为110个“种子池”项目提供孵化资金支持，合计660万元，为“产品池”项目提供专有云“双创”基金投资，

金额累计 4 685 万元。

三是广泛服务中小微企业，开放式“双创”生态持续完善。按照“一脑一舱两室两站”云平台产品架构，航天科工依托工研院建设小微企业服务站并正式运行，为小微企业提供空间、政务、创业辅导、技术、营销推广、科技金融等六类专业性管家服务，以及党建服务等系列服务。以线下“双创”基地为依托，与知识产权代理、金融机构等多家第三方服务机构建立合作关系，搭建更加完善的“双创”服务体系。2018 年，工研院与深圳市中小企业服务署合作，助力深圳市“十万企业上云”计划实施；小微企业服务站入选广东省中小企业公共技术服务示范平台；成都航天科创检测有限公司获批 2018 年度成都高新区检测校准及大型仪器共享公共技术平台，航天科工“双创”生态进一步完善。

四是持续开展“双创”活动，营造良好的创新氛围。国家“双创周”期间，航天科工国家“双创”示范基地、高速飞行列车，以及快舟系列运载火箭、航天云网工业互联网、航天“三大件”“三小件”等项目和产品精彩亮相成都主会场；在成都成功举办“航天科工—北京大学”双创团队核心人才特训营（第三期）活动，70 名航天创客和 30 名外部创客共同学习交流；先后举办南京站、呼和浩特站两期双创“孵化加速营”路演，18 个项目在路演现场获得专家认可，得到“双创”基金投资意向；积极推荐 82 个“双创”团队参加中央企业“熠星”创新创意大赛，59 个项目成功入围复选赛。以线上线下相结合的“双创”服务体系为依托，各层级单位共举办“双创”政策宣贯、成果推介、创新赛事等活动 100 余次，创新氛围持续优化。

11.6.2　狠抓“双创”成果落地，打造产业发展新动能

一是分类建立三级管理机制，深入推动创新成果产业化。为加速创新成果产业化，积极培育新动能产业，航天科工研究制订了《中国航天科工集团有限公司内部成果产业化三年（2018—2020 年）

行动计划》，梳理形成 94 个可产业化成果项目，分类建立了三级管理机制，并制订 7 个方面的工作举措和 5 个方面保障措施，着力推动产业化进程。

二是加速“双创”成果转化，打通“最后一公里”。航天科工首家创客公司——航天极创物联网研究院在南京成立。该公司是航天科工首个从产品池实现科技成果转化，打通国有企业从创新到创业“最后一公里”创新链的典型示范；是首个由创客控股、单位和基金配资支持的“双创”项目；首次实现了国有企业科技成果的所有权、使用权、收益权的三权分离；是航天科工支持“在职离岗”等与“双创”有关政策的具体落实。此外，航天科工集团第二研究院 206 所“生命卫士”呼吸面罩“双创”项目首批产品下线入市。上述突破对航天科工乃至中央企业探索形成符合发展实际的“双创”成果落地模式具有重要的示范作用和创新意义。

三是借助专有云平台，全面实施“大比武”机制。以企业内部专有云平台为依托，航天科工搭建了“大比武”双创项目募集平台，向内部广发英雄帖，共计 15 项。在某型结构优化设计比武大赛中，第三研究院、十院（贵州航天技术研究院）和航天工业发展股份有限公司等 3 家所属单位的项目团队采用增材制造技术实现产品/系统机构设计轻量化，设计方案获得专家认可，相关成果有望在航天系统级产品中予以应用推广。在其他同类型比武式挑战赛中，航天科工“双创”团队屡获佳绩。第二研究院“空天神剑”项目团队打造的无人机“双创”产品在首届“无人争锋”挑战赛中成为唯一一支成功完成所有挑战项目的团队，得到军方领导的高度肯定；“天钧战队”和“飞航护卫队”在公安部组织的首届“网鼎杯”网络安全大赛中获得优异成绩（中央企业有 6 支队伍进入决赛），得到国务院国有资产监督管理委员会（简称国资委）的通报表扬。

四是建立“六个青创”体系，带动青年创新创业。成功举办“航天科工杯”中央企业创新奖评选活动，在航天云网上汇聚优质项目 4 400 余项，带动中央企业青年开展创新创业，活动成效得到王勇国务委员和国资委高度评价。开展深化与共青团中央签署的战略合作协议，运用航天科工在工业云平台等领域的优势，构建全国青年创新创业生态圈，不断完善服务青年创新创业的工作体系。通过中国青年创新创业云平台（青创云平台）汇聚青创赛、青创群、青创园、青创课、青创板资源，建立“六个青创”体系，努力形成促进青年创新创业的完整链条，共同打造共青团“双创”先锋，共建青年“双创”人才高地。截至目前，航天云网上线全国青年创新创业项目近 6 万项，汇聚 200 余个全国青年创新创业园区，推荐中国青年创新创业板挂牌展示项目 19 项，进一步激发了青年创新创业活力。

11.6.3　夯实“双创”管理基础，助力“双创”长远发展

一是持续完善“双创”2.0 体系，助推由“量变”到“质变”。航天科工持续完善“双创”政策 2.0 体系，助推“双创”工作从“量变”到“质变”转化，进一步推动形成“双创”升级版。航天科工结合“双创”工作阶段要求的变化，着力开展“双创”政策体系与机制的完善和优化。在以《中国航天科工集团有限公司关于在专有云平台大力推进“大众创业万众创新”的若干措施》等为代表的“双创”政策体系（1.0 版）基础上，进一步完善形成了“双创”政策体系（2.0 版）。

为持续完善“双创”服务体系，航天科工制定了《中国航天科工集团有限公司促进外部“双创”工作开展指导意见》，明确“四园八区一指南”外部“双创”工作推进机制，有效统筹内外部资源，创新发展模式，提升服务效能；为促进“双创”成果孵化，航天科工制定《中国航天科工集团有限公司推进内部“双创”成果产业化、企业化、市场化发展指导意见》，对内部“双创”成果的所有权界定、收益分配、成果转化及激励方式等方面进行了明确，细化内部“双创”成果转化落地的路径和方式，为推动内部“双创”工作在更高层次、更深程度上开展提供有力支撑。

二是全面总结示范基地成效，为“双创”发展献计献策。按照国家发改委有关要求，航天科工系统梳理了“双创”示范基地建设进展情况，对“双创”示范基地建设的成效进行了全面总结，顺利完成第三方评估；“双创”示范基地建设三年行动计划项目顺利通过验收。此外，航天科工配合发改委开展了创新创业工作痛点堵点问题研究，在完善容错机制、建立中长期激励约束机制、建立行业标准等方面提出了政策建议，并参加“双创”政策座谈会，积极献计献策。

三是优化“双创”评估指标体系，持续创新“双创”工作管理方法。以“提升‘双创’项目质量、加强‘双创’成果落地”为导向，航天科工进一步优化“双创”评估指标体系，将评价重心进一步向“双创”产出方向倾斜，面向全部所属单位开展2018年度“双创”总结与评估工作。以信息化为导向，依托专有云平台建立“双创”政策台帐和“双创”活动台帐，为基层单位及创客提供“双创”政策备案、查询和检索功能，以及活动组织与备案功能。“双创”政策台帐、“双创”活动台帐与专有云“三期三池”项目台帐等共同构成“双创”工作台帐，为航天科工“双创”工作提供更加便捷的管理手段。

航天科工深入实施创新驱动发展战略，持续优化集团公司“体系与大系统创新＋专业技术多维度‘双创’”的科技创新体系。“双创”工作年度目标简要概括为“推进两个一批、实现两个一百”，即选取一批试点单位，作为“双创”政策体系2.0版落地“试验田”；推出一批典型示范单位，推广“双创”模式与经验；实现一百个内部“双创”成果通过“三种出路”实现落地；推动与一百个外部“双创”项目团队开展合作。

结　语

创新是引领发展的第一动力，是建设现代化经济体系的战略支撑，也是实现高质量发展的必由路径。近年来，我国大众创业万众创新热潮持续兴起，呈现出聚焦生产领域、技术要素深度融合、成果转化更为活跃、与产业升级结合紧密、创新创业生态更加完善等趋势特征，创新创业与技术创新、效率变革、产业升级和现代化经济体系建设结合得更为紧密，为促进经济增长、提高劳动生产率和全要素生产率提供了有力支撑。推动“双创”升级发展对创新驱动的需求更为迫切，要求经济发展动能加快从单一要素数量投入转变为更多依靠创新驱动，从而形成创新动能。

创立于 1902 年的 3M 公司有着百年历史，是一家大型并极具多元化的跨国公司，在过去的发展历程中依靠不断创新的精神获得了成功和享誉全球的美誉。在 3M 公司最初的创业阶段，公司通过创新和改革找到了适合自己生存发展的道路，到了后来的发展阶段，创新为公司带来了发展的巨大动力，开发了很多著名的创新产品，从而奠定了公司未来的辉煌。在多元化经营阶段，公司取得成功的关键因素依然是不断的技术创新和多元化的技术平台。到了跨国经营阶段，通过创新，3M 公司的海外分公司也不断壮大起来，创新精神传播到了全球各地的 3M 公司。目前，3M 公司处于全球经营阶段，而技术创新也正在影响着公司未来的长远发展。

3M 公司之所以能够在过去的发展中成功开展技术创新、产品创新以及管理创新的主要原因是 3M 公司有一套完整的创新管理体系来管理技术创新。3M 公司通过事业部制的组织结构将创新活动开展到每个事业部组织结构中，很好地推动了创新在不同层面的进行。而完整的激励制度，宽松的技术创新氛围，蕴涵创新精神的企业文化都有效地促进了创新活动的开展。在战略方面，渐进式的创新管理体系也在推动着 3M 公司的创新车轮不断前进。3M 公司如何创新、如何成长为全球领先的多元化科技创新企业，值得我们每个人深思。

参 考 文 献

［1］ STEPHEN HAAG. Business：The rise of the creative consumer；the future of innovation [J]．The Economist，2005，374（3）：75－78.

［2］ DOYLE T C. Manhasset Better Vendor management：Constructing the Ultimate Product and Vendor Portfolio [J]．VARBusiness，2005（3）：88－90.

［3］ MANILA. Next five years turning point for information technology [J]. Business World，2005（3）：1－2.

［4］ JOSE VARELA，LEANDRO BENITO. New product development process in Spanish firms：typology，antecedents and technical/marketing activities [J]. Technovation，2005（4）：395－397.

［5］ WILLIAM BARNETT F. Driving ambition [J]．Business Asia，2005（3）：1－10.

［6］ BOWER J. Managing the Resource Allocation Process [M]．Boston：Harvard Business School Press，1986.

［7］ JACKIE DRAFFT，JACQUES－LAURENT RAVIX. The governance of innovative firms：an evolutionary perspective [J]．Economics of Innovation and New Technology，2005（4）：125.

［8］ JENNIFER W SPENCER. How governments matter to new industry creation Academy of Management [J]．The Academy of Management Review，2005（4）：321.

［9］ JEROME O'NEIL. The necessity of reinvention [J]．Michigan Banker，2005（3）：14.

［10］ MANILA. Next five years turning point for information technology [J]. Business World，2005（3）：1－2.

［11］ MICHAEl ARNDT. 3M'Rising Star [J]．Business Week，2004（4）：23－28.

［12］谭立忠，吴勤，张丽平．脑科学技术发展与应用［M］．北京：中国宇航出版社，2018.
［13］王继昌．俄罗斯国防工业的改革调整［J］．外国军事学术，2007（4）：11－14.
［14］魏雯．俄罗斯国防工业的转型和调整［J］．航天工业管理，2009（5）：39.
［15］刘淮．浅析英国《国防技术战略》报告［J］．国防，2007（3）：72－74.
［16］郑杰光．英国推动国防工业发展的战略举措［J］．国防科技工业，2011（3）：84－86.
［17］孔祥富．德国的国防产业［J］．德国研究，2003（1）：39－40.
［18］李海斌．德国国防工业的现状和发展举措分析［J］．国防技术基础，2006（9）：62－63.
［19］刘希宋，姜喜龙，夏志勇．国防科技工业自主创新能力评价关键要素的识别［J］．统计与决策，2006（6）：56－57.
［20］吕超．国防科技工业自主创新执行主体的构成及动力强化途径［J］．技术经济，2007（12）：16－18.
［21］鲁艳，张晓生．国防科技工业技术创新组织壁垒问题研究［J］．科技进步与对策，2012（1）：63－65.
［22］王翠芳．提高国防科技工业自主创新能力的理念、制度和人才分析［J］．国防技术基础，2006（4）：44－47.
［23］朱一波．大数据开发将引领新一轮的信息革命［J］．电信快报，2013（11）：7－9.
［24］普罗克特．管理创新精要［M］．周作宇，等译．北京：中信出版社，2003.
［25］欧内斯特·冈德林．创新沃土——美国3M公司创新机制［M］．陈雪松，池俊常，张红，译．北京：华夏出版社，2001.
［26］拉里·博西迪，拉姆·查兰．转型——用对策略，做对事［M］．曹建海，译．北京：中信出版社，2005.
［27］汪海涛，等．3M公司的“创新管理十训”［J］．企业活力，1996（3）：40.
［28］郑明身，等．名牌打天下［M］．广州：广东旅游出版社，1997.
［29］3M技术领域［EB/OL］．https：//www.3m.com.cn/3M/zh_CN/

company - cn/about - 3m/，2020.04.

[30] 詹姆斯·柯林斯，杰里·波勒斯．基业长青［M］．真如，译．北京：中信出版社，2002.

[31] 卢福财．核心竞争力与企业创新［M］．北京：经济管理出版社，2002.

[32] 陈进．3M公司技术创新管理案例研究［D］．广州：华南理工大学，2002．

[33] 余恺．3M公司的技术创新管理体系研究［D］．南京：南京大学，2013.

[34] 王群．3M公司产品创新机制分析［D］．北京：对外经济贸易大学，2012.

[35] 黄伟．3M公司技术创新管理研究［D］．武汉：华中科技大学，2005.

[36] 谭立忠，范炳健，等．集团公司双创示范基地运行模式研究［R］．北京：中国航天科工集团有限公司，2017.

[37] 崔云霞，丁洁．集团公司智慧创新体系建设研究［R］．北京：中国航天科工集团有限公司，2016.